Das Mantelmotiv in Kellers
Kleider machen Leute und Gogols *Der Mantel*

Europäische Hochschulschriften

Publications Universitaires Européennes
European University Papers

Reihe XVIII

Vergleichende Literaturwissenschaft

Série XVIII   Series XVIII
Littérature comparée
Comparative Literature

Bd./Vol. 13

PETER LANG
Bern · Frankfurt am Main · Las Vegas

Annemarie Pinto

Das Mantelmotiv in Kellers *Kleider machen Leute* und Gogols *Der Mantel*

PETER LANG
Bern · Frankfurt am Main · Las Vegas

Druck ab reprofertigem Manuskript

© Verlag Peter Lang, Bern 1978
Nachfolger des Verlages
der Herbert Lang & Cie AG, Bern

Alle Rechte vorbehalten. Nachdruck oder Vervielfältigung, auch auszugsweise,
in allen Formen wie Mikrofilm, Xerographie, Mikrofiche, Mikrocard, Offset verboten.

ISBN 3-261-02987-0

Auflage 500 Ex.

Für meinen Vater

An dieser Stelle möchte ich besonders herzlich Herrn Dr. Josef Schmidt für seine Bereitschaft und konstruktive Kritik sowie seine wertvollen Hinweise danken.

INHALTSVERZEICHNIS

Seite

Kleider machen Leute

I.	Das Schneidermotiv in der Dichtung	11
II.	Historische und autobiographische Ansätze zur Entstehung von Kleider machen Leute	12
III.	Zitat und Mantel	13
IV.	Aufbau und Gliederung der Erzählung	14
V.	Behandlung sprachlich (allgemein)	17
VI.	Die Stellung von "Kleider machen Leute" im Gesamtwerk von Keller	19
VII.	Das Mantelmotiv	21
	A. Thematik	21
	B. Sprachliche Behandlung	28
	a. Romantik	28
	b. Realismus	30
VIII.	Humor	33
IX.	Zufall und Kellers Wirklichkeit	36
X.	Anmerkungen	39

Der Mantel

I.	Einleitung	41
	A. Ursprung der Thematik	41
	B. Autobiographische Ansätze	41
II.	Form und Struktur	44
	A. Der Erzähler	44
	B. Struktur	45
	a. Formale Struktur	45
	b. Struktur der Komposition, Symbolwerte	46

	c. Die Zeit	47
III.	Zufall	51
IV.	Natur	53
V.	Das Mantelmotiv	54
	A. Teil I (realistischer Teil)	54
	B. Teil II (phantastischer Teil)	61
VI.	Anmerkungen	65
VII.	Zusammenfassung	67
VIII.	Anmerkungen	70
IX.	Bibliographie	71

I. DAS SCHNEIDERMOTIV IN DER DICHTUNG

Die Entstehung von Kellers Erzählung Kleider machen Leute wird auf die Zeitspanne von 1864 bis 1871 angesetzt. (1)

Die Idee des verkleideten Schneiders in der Literatur vor Keller ist nicht neu. Da ist Das Märchen vom falschen Prinzen von Wilhelm Hauff, das in seinem Inhalt der Geschichte des Kellerschen Schneiders fast gleichkommt, indem der verkleidete Schneider im Hauffschen Märchen ebenfalls zur Realität zurückfindet und als ehrbarer und angesehener Bürger seine Existenz fristet. Das Schneidermotiv erscheint weiterhin in Die merkwürdige Lebensgeschichte Sr. Majestät Abraham Tonelli von Tieck, die humoristische Nacherzählung eines von Wundern und Abenteuern wimmelnden Romans aus dem Anfang des 18. Jahrhunderts, in dem ein Handwerksbursche nach vielen Unglücks- und Glücksfällen schliesslich auf den Thron gelangt. Des weiteren finden wir die Behandlung des gleichartigen Themas in F. von Gaudys Tagebuch eines wandernden Schneidergesellen. Das Märchenmotiv, wo ein Schneider für kurze Zeit König ist, liegt allen diesen Erzählungen zugrunde.

Ausser den oben angeführten Schneidermotiven existieren Brentanos Märchen vom Schneider Siebentot auf einen Schlag und die Gedichte Traumbilder III in Heinrich Heines Buch der Lieder und Adalbert von Chamissos Kleidermacher-Mut, die sich ebenfalls mit dem gleichen Motiv befassen. (2)

Auch im Drama ist das Thema der Rollenvertauschung nicht selten. Wir finden es bei Shakespeare in Der Widerspenstigen Zähmung, dann in Calderons Das Leben ein Traum und später in Gerhard Hauptmanns Schluck und Jau und das Thema der Verkleidung noch einmal bei Zuckmayer in Der Hauptmann von Köpenick.

Die Verkleidungsintrige entsteht jeweils aus einem Täuschungsplan, wodurch ein immer komplizierter werdendes Handlungsgefüge entsteht. (3) In der Kellerschen Erzählung ergibt sich der Täuschungsplan erst in der Handlung und wird dem Schneider gewissermassen von aussen aufgezwungen. Ist er einmal etabliert, nimmt die Handlung den üblichen Weg einer Verkleidungsgeschichte von Täuschung und Aufdeckung.

II. HISTORISCHE UND AUTOBIOGRAPHISCHE HINWEISE ZUR ENTSTEHUNG VON "KLEIDER MACHEN LEUTE"

Am Ende der dreissiger Jahre ereignete sich in Winterthur ein Vorfall, der Keller zu <u>Kleider machen Leute</u> inspirierte. Hierüber sagt Rowley:

> Important source material from life was provided by an incident which has occurred in contemporary Switzerland. At Winterthur, in the late 1830th, the Polish Count Sobansky, a political refugee, was imposed on by a young man claiming to be the son of an acquaintance, Count Normann of Baden, in hiding because of a duel he had fought. The young man moved in local society, but then robbed his acquaintances and disappeared in a borrowed sleigh. He proved to be a young gamekeeper, dismissed by Normann. This incident supplied the motifs "Polish Count", "manners learned in subordinate capacity" and "social success", with some other details. (4)

Das Schneidermotiv, ausserhalb des Märchens, hatte ebenfalls möglicherweise seinen Ursprung in einem anderen Vorfall, der sich ca. 1844 abgespielt hat:

> A young man and his "mother" (actually a taylor and an actress) appeared as Graf and Gräfin Stechenheim; they were accepted; the "count" had love-affairs and disappeared after a final feast, leaving returned love-letters and unpaid debts. The story was acted by the neighboring town of Tichterswyl the following Shrove Tuesday. This incident also suggests the motifs "engagement", "revelation at a feast" and "Shrove Tuesday mime". (5)

Das polnische Motiv erklärt sich weiterhin aus der Tatsache, dass ein polnischer Flüchtling bei der Familie Keller wohnte als Keller noch ein Kind war. Aus dieser Zeit stammt seine Sympathie für polnische Flüchtlinge. (6) Die Namen der Gasthäuser in der Erzählung sind Namen von Zürcher Gasthäusern. (7)

III. ZITAT UND MANTEL

In dem römischen Zitat "vestis virum reddit", das dem Titel der Erzählung zugrunde liegt, handelt es sich ohne Zweifel um ein Statussymbol. Das Zitat behandelt die Toga, die in der römischen Kultur den Platz des Mantels einnahm und die bereits von frühester Jugend an den Römern als Zeichen besonderer Verantwortung und Status verliehen wurde. (8)

Der Radmantel in Kellers Erzählung ist ein halbkreisförmiger Umhang, der ebenfalls adlige oder gehobene Stände kennzeichnete, wie wir leicht aus dem Text ersehen können. Er ist, in der Erzählung, durch seine Ausstattung des Futters von edlem Material und mehr als ein Luxusartikel anzusehen als ein rein funktionsbedingtes Kleidungsstück.

Ueber Kellers Beziehung zu einem derartigen Mantel sagt Rowley:

... moreover, Wenzel's "Radmantel" was part of Keller's own wardrobe during the Munich period, and his initial journey recalls Keller's rather crestfallen return from Munich to Zürich, also in November; many critics indeed have made comparisons between hero and author, especially in their romantic inclinations. (9)

IV. AUFBAU UND GLIEDERUNG DER ERZAEHLUNG

Diese Arbeit versucht einen Motivvergleich anzustreben zwischen dem Mantelmotiv in Kellers novellistischer Erzählung Kleider machen Leute und Gogols Erzählung Der Mantel und durch diesen Vergleich die Erzählhaltung beider Autoren zu beleuchten. Hierzu ist es notwendig, die Struktur der jeweiligen Erzählung zu analysieren, um derart auf den Kernpunkt - das Mantelmotiv - und seine Behandlung als Beziehung zum Ganzen zu gelangen.

Kellers Novelle behandelt die Psychologie der Verkleidung. Nach der Vorlage verschiedener Märchen befasst sich Keller mit dem Konflikt zwischen Schein und Wirklichkeit im bürgerlichen Milieu. Hierzu wird ein Schneider, der einen malerischen Radmantel trägt, von der Bevölkerung des Städtchens Goldach, aufgrund seines Aeusseren für einen Grafen gehalten. Der anfänglich, wider seinen Willen, verkleidete Schneider wächst, nachdem er sich in eine Bürgerstochter von Goldach verliebt hat, durch diese Liebe in seine Verkleidung hinein. Nachdem die Verkleidung durchschaut wird, rettet der Schneider sich als Tuchhändler hinüber in eine bürgerliche Existenz.

Keller benutzt den Mantel des Schneiders als Leitmotiv und Leitsymbol, das sich durch die Handlung zieht als Repräsentant des Scheins und später als Grundlage für eine bürgerliche Existenz als entromantisiertes aber lukratives Symbol eines Gewerbes. Die Märchenqualität, die sich durch die ganze Erzählung zieht, legt derselben gewisse Regeln auf, die zum Verständnis des Ganzen nicht übersehen werden dürfen. Da ist vorerst einmal die Struktur, die, um den Märcheneindruck zu verstärken, von krassen Trennungen absieht. Die Handlung läuft in kurzen Paragraphen, wobei jeder Abschnitt eine bestimmte Idee verfolgt, in einfacher, meist paratktischer Syntax ab. (10) Wenn wir von Trennungen überhaupt sprechen können, so können wir die Handlung in drei Bewegungen aufteilen:

1. Täuschung.
2. Die Aufdeckung der Täuschung
3. Die Rehabilitierung.

Das Mantelmotiv zieht sich durch alle drei Phasen. Die Täuschung findet durch den eigentlichen Mantel statt, die Aufdeckung der Täuschung geschieht durch einen gestellten Vorgang, also eine völlige Umkehrung: die Wirklichkeit wird durch das Spiel hergestellt. Die Rehabilitierung lässt den Mantel vorerst aus, und er erscheint erst am Ende wieder integriert in die bürgerliche Existenz. Bei diesem Vorgang ist die Zeit wichtig. Die Erzählzeit selbst erstreckt sich über eine Zeitspanne von November bis Februar, "An einem unfreundlichen Novembertag..." bis zur "Fastnacht", also eine Gesamtzeit von circa vier Monaten. Die Hauptaktion spielt sich jedoch während sechs Tagen ab: zwei aufeinanderfolgende Tage im November und zwei aufeinanderfolgende Tage im Februar. Dazwischen liegen zwei nicht zusammenhängende Tage: Der Ball und die Zustimmung von Nettchens Vater. Vier Tage (November und Februar) machen 7/8 der Erzählung aus. Wir haben also eine

Struktur von zwei äusseren Abschnitten und einem kleineren Mittelabschnitt. (11) Kellers Erzählzeit nimmt 24 Seiten von 57 1/2, also nicht ganz die Hälfte, für die ersten beiden Tage in Anspruch. Der kurze Mittelabschnitt umfasst sechs Seiten und beginnt mit den Worten: "Nun war der Geist in ihn gefahren." und endet mit der geplanten Schlittenfahrt der Goldacher und der Seldwyler Bürger. Der dritte Teil, die Aufdeckung und Rehabilitierung, nimmt 27 Seiten in Anspruch, also kaum mehr als die ersten beiden Tage. Hierin drückt sich eine Willkür in Kellers Erzählkunst aus, die trotz der Märchenstruktur und der leichten Erzählweise von Keller bereits wichtige Hinweise auf die Erzählhaltung Kellers wirft.

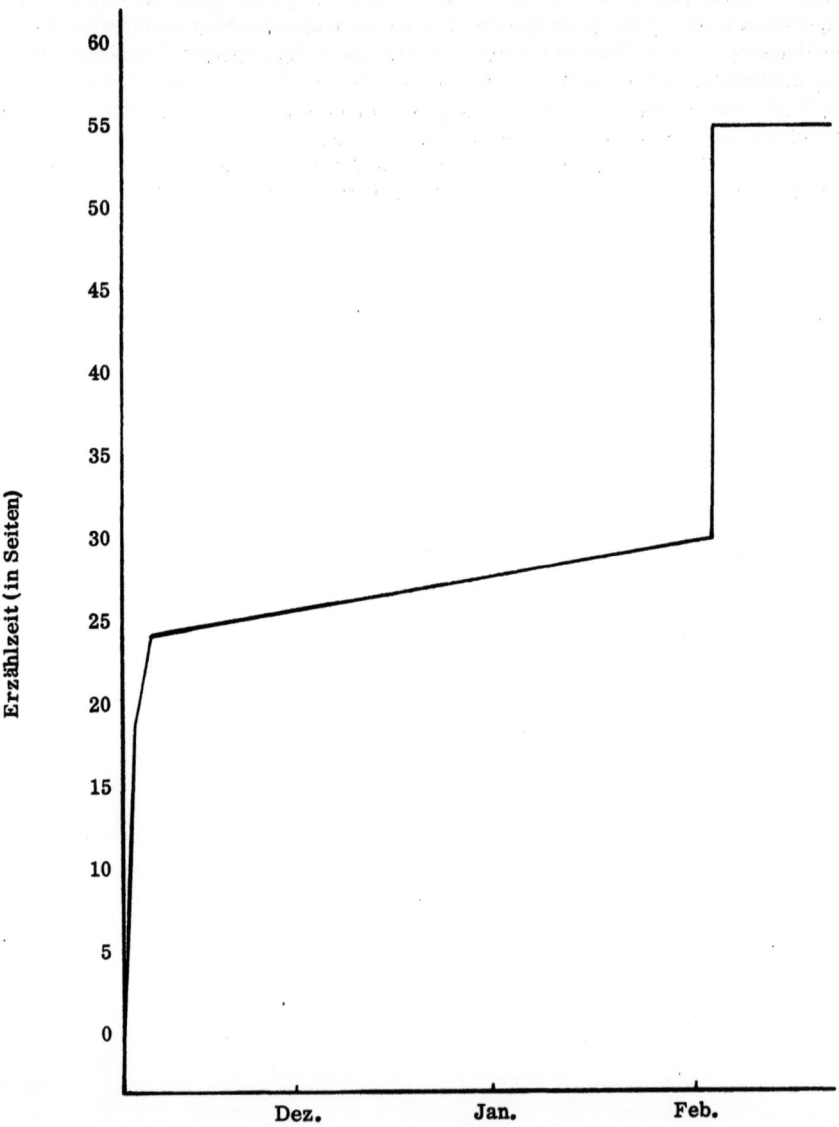

V. BEHANDLUNG SPRACHLICH (ALLGEMEIN)

Keller bedient sich durchweg, wie bereits erwähnt, einer einfachen, oft parataktischen Syntax. Seine Sprache ist natürlich, und oft bedient er sich der Verkleinerungsform, die möglicherweise ihren Ursprung darin hat, dass Keller als Schweizer diese Umgangsform der Sprache in die Erzählung übernommen hat. Rowley führt diese Spracheigenheit auf Kellers Väterlichkeit zurück. (12) Es wäre auch möglich, dass Keller diese Verniedlichung bewusst in die Erzählung eingeführt hat als romantische Sprache, denn nach der Aufdeckung fallen die Diminutiva ganz weg.

Im dritten Abschnitt, in der Wiedervereinigung mit Nettchen, bringt Keller die Verständigung fast durchweg durch direkte Rede zustande, jedoch bedient er sich auch der erlebten Rede, wie z.B. Wenzels Reflexionen nach der Aufdeckung über die Torheit der Welt, um dem Leser die innere Reaktion von Wenzel und auch von Nettchen ("was sind Glück und Leben? Von was hängen sie ab?") * klar zu machen.

Keller, als Erzähler, steht über der Erzählung. Er ist allwissend. Neben dem leichten Fluss der Handlung verfehlt er nicht auch einen erzieherischen Einfluss auszuüben, wenn er die geschichtliche Bedeutung der einzelnen Häuser erklärt oder den Leser mit den Sitten der Goldacher vertraut macht. Auch kann Keller sich eine leicht moralisierende Haltung nicht versagen. Beispiele: "Solcher Habitus war ihm zum Bedürfnis geworden", **, oder "Doch verwickelte er sich jetzt in die erste, selbsttätige Lüge...".*** Die positive Behandlung seines Helden zeigt sich hier bereits in dem Paradox, dass Wenzel durch die Täuschung in die richtige Lage hineingerät.

Allgemein ist der Stil der Erzählung mehr ein Schreibstil als ein gesprochener Stil (nicht zu verwechseln mit der direkten Rede), was sich durch den Gebrauch der vielen Partizipien ausdrückt, und dabei ganz besonders des Partizips der Gegenwart (13) wie "ablenkend", "haltend" usw.

Ueber den Gebrauch von Dialekt sagt Rowley:

Dialect as such does not appear, but occasionally words or phrases are used in a slang connotation (e.g. "fechten" - "to beg", in the idiom of the journeymen) or with a local flavor, Alemanic ("von dannen", "Sauser") or specifically Swiss ("sein Ränzchen voll zu packen", "auf den Stockzähnen lächelnd"). These features are not expressive of attitude, but through them the narrator acquires a Swiss quality suited to the story's setting.(14)

* (S. 44)
** (S. 3)
*** (S. 8)

Stuart Atkins ist der Meinung, dass Keller seine Erzählgestalten durch eine pseudo-heroische Behandlung erhöht, wie z. B. durch Fremdwörter wie: "Falliment", "Habitus", "desperat" u.s.w. (15) Hinzu kommen der Gebrauch von Sobriquets wie "der Mantelträger" und Epithets wie "ruhige Köchin", "wackerer Wirt" etc., die der Erzählung in pseudo-heroischer Weise einen epischen Anstrich verleihen. (16) So wird Wenzel mit Adel und Helden und königlichem Vogel verglichen, wie "kränkelnder Fürst", "Jüngling am Scheidewege" (Hercules), "sein Mantel umschlug die schlanke, stolze, schneeweisse Gestalt des Mädchens wie mit schwarzen Adlersflügeln",* "egyptisches Königspaar" u.s.w. (17) Jedoch darf man hierbei das Märchenhafte nicht ausser acht lassen, und damit wären viele dieser Beispiele als märchenhaft zu erklären anstatt als pseudo-heroisch. Die Heldenanspielungen können auch damit erklärt werden, dass Keller sich eine literarische Erhöhung hier nicht versagen konnte. Man darf nicht vergessen, dass Keller ein bürgerlich soziales Milieu beleuchtet, in dem eine heroische Anspielung nur ironisch zu verstehen sein kann. Bei all diesen Beispielen ist der "Habitus" von Wichtigkeit, denn er steht etymologisch für den Ausgangspunkt der Handlung, deren Grundbedeutung das Kleid ist.

* (S. 31)

VI. DIE STELLUNG VON "KLEIDER MACHEN LEUTE" IM GESAMTWERK VON KELLER

1843 erstreckten sich die politischen Unruhen in Europa auch über die Schweiz, dahingehend, dass das Volk stärkeren Einfluss im Staat verlangte. (18) Keller verfolgte in dieser Phase eine radikale Politik. Er war umgeben von einer Gruppe von Handwerkern, Freunde noch von Kellers Vater, durchweg Demokraten und Radikale. Diese Gruppe hat Keller unsterblich gemacht in der Novelle Das Fähnlein der sieben Aufrechten. (19) Ueber Das Fähnlein der sieben Aufrechten sagt Hauch:

> "The Upright Seven" represent the old school of sober but uncompromising radicals to whose unceasing propaganda the reform in the constitution was largely due. Theirs was not the doctrinaire radicalism of the would-be philosophical theorist, the self-ordained leaders and teachers of the common people... (20)

Kellers praktischer Sinn kommt hier zum Ausdruck. Fast 20 Jahre später, am 25. Juni 1878, hat Keller seine Meinung, die er im Fähnlein besprochen hatte, bereits geändert. Er war viel weniger optimistisch, wie er in einem Brief an Theodor Storm an diesem Tage ausdrückte. Er sagte darin, dass der altherkömmliche, triumphierende Liberalismus verschwunden sei und an seine Stelle soziale Probleme wie Eisenbahn-Unstimmigkeiten und ewige, niemals endende Hast getreten seien. (21) Es sind diese Probleme, mit denen Keller sich in Martin Salander befasst. Kleider machen Leute ist zeitlich zwischen diesen beiden Werken, neben anderen, entstanden, also in einer Zeit, in der Keller vom Optimismus, dass soziale Reformen durch klar denkende, kompromisslose Idealisten durchgeführt werden könnten, bis zur Erkenntnis der sozialen Probleme selbst und seiner scharfen Kritik gegen die Hast gelangt war.

Keller war also niemals ein Träumer, sein Idealismus aus der Fähnlein-Zeit war bereits ein praktischer Idealismus, den er nicht verlor, wenn es hiess, jetzt andere, weniger hochstehende Ideale zu verfechten, wie im Martin Salander. Seine Kritik gegen die Hast ist vielleicht die einzige emotionelle, subjektive Kritik, die wir hier bei Keller wahrnehmen können, und sein romantischer Idealismus, der sich so gut mit seinem dichterischen Genius vertrug, ist im Grossen und Ganzen nur der reiferen Form einer mehr realistischen, erzieherischen Philosophie gewichen. In diesen Entwicklungsprozess gehört Kleider machen Leute. Hierüber sagt Hauch:

> In Kleider machen Leute, Der Schmied seines Glückes, and Das verlorene Lachen experience is again strongly emphasized, largely the experience of the disappointment of more or less vain and foolish hopes. Through failure to attain vain and false ideals the way is opened for true and genuine idealism. In Kleider machen Leute, Die miss-

<u>brauchten Liebesbriefe</u> and <u>Dietegen</u> it is in each case a pure and noble passion which purges the mind and heart of its ephemeral follies and brings a potentially good and noble character to its full realization and development. (22)

Keller konnte sich die Selbstkritik über <u>Martin Salander</u> nicht versagen, dass das Werk nicht "schön" sei. Es sei zu wenig Poesie darinnen. (23) Seine Berufung als Dichter und Autor, sich für das Wohl des Volkes einzusetzen, wo immer es nötig sei, fiel Keller also in Dingen des extremen Realismus nicht leicht. Trotzdem war er einen weiten Weg gekommen von seinen idealistischen Träumen von sozialer Freiheit und Reform aus seiner Jungdeutschen-Sympathiezeit. Hauch drückt aus, dass Keller sich unermüdlich für das Volk, das für ihn mehr als eine politische Organisation war, einsetzte (24) und dass dadurch die Zukunft zum Bereich seiner Romantik wurde.

In his choice of material Keller is, in the main, a realist. He is furthermore a realist in the convincing consistency with which he proceeds to develop the problem before him. The solution grows naturally out of the material presented. In all his works he reveals a conception of life in which are combined and blended a sobered and enlightened democracy with sane and sound idealism. (25)

VII. DAS MANTELMOTIV

A. Thematik

kannt:
Zu Beginn der Novelle macht Keller den Leser mit seinem Helden be-

1. An einem unfreundlichen Novembertag wanderte ein armes Schneiderlein auf der Landstrasse nach Goldach... (S. 3)

Der Schneider ist arm, die Landstrasse ist ein freies Gebiet, auf dem sich jeder bewegen kann, und die Natur ist der Stimmung angepasst. Es besteht hier eine Harmonie zwischen Person und Oertlichkeit. Dann jedoch wird die Harmonie gestört, denn es heisst weiter:

2. Das Fechten fiel ihm äusserst schwer, ja schien ihm gänzlich unmöglich, weil er über seinem schwarzen Sonntagskleide einen weiten, dunkelgrauen Radmantel trug, mit schwarzem Samt ausgeschlagen, der seinem Träger ein edles und romantisches Aussehen verlieh... (S. 3)

Es ist der Mantel, durch den hier die Harmonie gestört wird und eine Spaltung entsteht, indem der Schneider durch sein Gewand daran gehindert wird, sich eine Mahlzeit zu erbetteln, wobei das Wort "Fechten" in seiner Dialektanwendung noch die Hoffnungslosigkeit des Schneiders unterstreicht. Wir haben also jetzt die Spaltung: Schneider-Fechten gegenüber Radmantel-romantisches Aussehen. Wie stellt sich der Schneider zu dieser Situation?

3. Solcher Habitus war ihm zum Bedürfnis geworden, ohne dass er etwas Schlimmes oder Betrügerisches dabei im Schilde führte. (S. 3)

Wir erfahren nunmehr, dass, was den äusseren Schein hervorruft, dem Schneider eine Notwendigkeit bedeutet. Der Schneider ist somit willig, um des romantischen Aussehens willen die Konsequenz der Unbequemlichkeit zu tragen, denn

4. ...lieber wäre er verhungert, als dass er sich von seinem Radmantel und von seiner polnischen Mütze getrennt hätte. (S. 4)

und

5. Näherte er sich einem Hause, so betrachteten ihn die Leute mit Verwunderung und Neugierde und erwarteten eher alles andere, als dass er betteln würde: so erstarben ihm, da er überdies nicht beredt war,

die Worte im Munde, also dass er der Märtyrer seines Mantels war und Hunger litt, so schwarz wie des letzteren Sammetfutter. (S. 4)

Hiermit hat Keller den Grundstein für seine Erzählung gelegt: wir wissen, dass der Schneider freiwillig zum Märtyrer seines Mantels geworden ist. Die vorhergehenden Zitate beschreiben den Schneider als einen unpraktischen Menschen, der Mantel hat keine praktische Funktion und gilt dem Schneider nur als ästhetische Notwendigkeit, die ihm eher hinderlich als tauglich ist. Die einzige Funktion, die der Mantel erfüllt, ist, dass er als unberechtigtes Statussymbol dient.

Wenn das Mantelmotiv wieder in der Erzählung auftaucht, tritt eine Wendung ein. Nachdem Wenzel in einer vornehmen Kutsche Schutz gefunden hat, rollt er in dieser in Goldach ein. Ueber die Kutsche sagt Wüst: "...seine Kutsche rollt in der Reihe der romantischen Reisewagen, die geheimnisreich und verheissungsvoll als erregendes Moment wirken und meist einen unerhörten Glücksumschwung einleiten." (26)

6. ...als der verdutzte Schneider endlich hervorsprang in seinem Mantel, blass und schön und schwermütig zur Erde blickend, schien er ihnen wenigstens ein geheimnisvoller Prinz oder Grafensohn zu sein. (S. 5)

Die Beschreibung dieser Szene ist aus der Sicht Kellers und der Goldacher Bürger geschehen. Keller schildert hier die Situation, wie sie wirklich war: der Schneider war "verdutzt". Die Goldacher jedoch sahen nur den Mantel, der dem Schneider einen Anschein verleiht, der ein Trugschluss ist. Wenzel Strapinski wird somit von den Goldachern verkleidet. Hier entsteht eine neue Spaltung von Absicht und Konsequenz. Dass Wenzel "blass" und "schön" und "schwermütig" zur Erde blickt, ist nichts weiter als eine didaktische Konsequenz des Mantels. Wäre er im einfachen Schneiderkleid erschienen, könnten diese Adverbien leicht in "hungrig", "unschlüssig" und "ratlos" umgewandelt werden. Der Mantel jedoch verlangt von den Goldachern eine eindeutige Uebersetzung des Verhaltens von Wenzel. Im nächsten Zitat

7. ...und er bemerkte seine neue seltsame Lage erst recht, als er sich in einen wohnlichen Speisesaal versetzt sah und ihm sein ehrwürdiger Mantel dienstfertig abgenommen wurde. (S. 5)

wird sich Wenzel seiner Lage bewusst und zwar dadurch, dass ihm sein Mantel "dienstfertig" abgenommen wird, also durch die ihm standesgemäss nicht zukommende Geste. Auch der "wohnliche Speisesaal" ist eine Oertlichkeit, die ihm nicht zukommt. Seine, die passive Seite seines Charakters unterstützende, verspätete Reaktionsfähigkeit lässt ihn nun die Unmöglichkeit seiner Lage erkennen, und er versucht, der Situation zu entkommen, denn wir erinnern uns, dass er mit dem Besitz des Mantels nichts "Schlimmes oder Betrügerisches dabei im Schilde führte."*
Wir kennen Wenzel bisher als etwas passiven, aber ehrlichen Menschen. Bei einem

* (S. 3)

solchen ist es verständlich, dass er dieser nicht ganz ehrlichen Situation zu entrinnen wünscht, denn:

8. Aengstlich wünscht er jetzt, der drohenden Mahlzeit zu entfliehen. Endlich fasst er sich einen Mut, nahm seinen Mantel um, setzte die Mütze auf und begab sich hinaus... (S. 7f)

Trotzdem kann Wenzel nicht auf eine Aenderung der Situation hoffen, solange er sich nicht von dem Mantel trennt. Der Mantel setzt ihn als Schneider Strapinski immer weiter von seiner Umgebung ab, denn er hindert die Goldacher daran, ihn als Schneider zu erkennen. Wie bereits diskutiert, fühlt Stuart Atkins, dass sich die Erzählung auf der Basis einer mockheroischen Ebene abwickelt. (27) Hiernach wäre der Mantel, in die Toga umgewandelt, auch ein Zeichen der Mannbarkeit, des Helden. Der "Habitus" würde diese Annahme unterstreichen, so auch, dass sich Wenzel Strapinski "einen Mut fasst". Das nächste Zitat würde ebenfalls diese Annahme noch unterstreichen:

9. Also ging der Mantelträger, ohne Widerspruch, sanft wie ein Lämmlein, dort hinein... (S. 8)

Der "Mantelträger" könnte nach dieser Theorie bedeuten: der, der die Toga trägt, der Held. In diesem Falle jedoch bedeutet es wohl mehr eine Entpersonifizierung, indem Wenzel Strapinski seine Identität langsam verliert und zum Träger des Mantels wird, der hier Ansprüche an Wenzel stellt, die er unmöglich erfüllen kann: die einer hohen Geburt. "Ohne Widerspruch" zeigt seine Charakterschwäche, und "sanft wie ein Lämmlein" unterstreicht sie nur noch, gibt Wenzel aber einen gutmütigen Anstrich. Es ist diese Schwäche Wenzels, durch die sich die Handlung weiter entfalten kann. Auch bringt Keller seine Erzählung mit "Mantelträger" und "Lämmlein" klar auf die Ebene des Märchens. Zwischen dem letzten und dem nächsten Zitat ist Wenzel von den Goldachern zum Gut des Amtsrats gebracht und dort wie ein kostbares Spielzeug behandelt worden. Diese Situation gibt ihm wieder Fluchtgedanken, und mit viel Humor schildert Keller, der hier als Erzähler allwissend ist, den nächsten Schritt:

10. Also schlug er seinen Radmantel malerisch um, drückte die Pelzmütze tiefer in die Augen und schritt unter einer Reihe von hohen Akazien in der Abendsonne langsam auf und nieder, das schöne Gelände betrachtend, oder vielmehr den Weg erspähend, den er einschlagen wollte. (S. 18)

Hier ist die Spaltung sehr deutlich: die Schilderung der Situation, wie die Goldacher sie sehen wollen, ist ganz verschieden von der eigentlichen Absicht. In diesem und im nächsten Zitat schildert Keller die Bereitwilligkeit der Goldacher zur Selbsttäuschung durch seine subjektive und unsachliche Beschreibungstechnik von Wenzel:

11. Er nahm sich mit seiner bewölkten Stirne seinem lieblichen aber schwermütigen Mundbärtchen, seinen glänzenden schwarzen Locken, seinen dunklen Augen, im Wehen seines faltigen Mantels vortrefflich aus; der Abendschein und das Säuseln der Bäume über ihm erhöhte den Eindruck... (S. 18f)

Die "dunklen Augen" konnten die Goldacher bei einer derartigen Entfernung unmöglich erkennen, sie gehörten eben zu dem romantischen Eindruck, den sie von dem Schneider-Grafen haben wollten. Die Natur erhöht diesen Eindruck: in beiden Zitaten ist von "Abendsonne" und "Abendschein" die Rede, also einer möglichen Vorahnung des Untergangs der Grafen-Karriere. Diese beiden Zitate sind bedeutend als Teil des Höhepunkts der Handlung, die mit dem nächsten Zitat bereits wieder fällt, wobei die Charakterschwäche von Wenzel gleichzeitig unterstrichen wird:

12. Der Schneider wurde wieder eingepackt und sorgfältig nach Goldach zurückgebracht;... (S. 21)

In diesem Zitat ist der Schneider vollkommen passiv, jedoch im nächsten Zitat sehen wir einen veränderten Schneider:

13. Strapinski schritt mit gutem Anstand und doch bescheiden heraus, seinen Mantel sittsam zusammennehmend. Das Schicksal machte ihn mit jeder Minute grösser. (S. 24)

Diese Wendung ist eingetreten, nachdem Strapinski mit Nettchen zusammengetroffen war. Der Schneider "schreitet" jetzt heraus wie eine erhobene Persönlichkeit, und der Mantel umhüllt ihn jetzt vollends, d.h., der Schneider ist vollends hinter dem Mantel verschwunden, und eine neue Persönlichkeit wird durch den Mantel repräsentiert: Strapinski wächst langsam in die ihm auferlegte Rolle hinein. Das Schicksal, also der Zufall, übernimmt hier die Leitung der Handlung, und der Schneider ist dieser Entwicklung ausgeliefert. Der Zufall führt Strapinski auch wieder mit Nettchen zusammen:

14. Es war das Fräulein von gestern, welches mit wehendem blauem Schleier ganz allein in einem schmucken leichten Fuhrwerke sass... (S. 27)

Wichtig ist hier die Farbe des Schleiers: blau. Blau erscheint zuerst in der frühchristlichen Farbsymbolik (alttestamentliche Bedeutung) als Ausdruck der Wahrheit und Ewigkeit. In der Renaissance kam noch die Bedeutung von Treue hinzu. (28) Ausserdem hat der Schleier noch die Funktion des Schutzes, so schützt er Nettchen vorerst einmal noch vor der Wahrheit. Im Schneider jedoch ist jetzt die Wandlung vollkommen: durch die Liebe zu Nettchen ist vorerst einmal jeder Skrupel von Seiten Wenzels in den Hintergrund getreten, was die ihm auferlegte Grafenrolle anbetrifft:

15. ... die fallenden Blätter der Linden tanzten wie ein goldener Regen um sein verklärtes Haupt. Nun war der Geist in ihn gefahren. (S. 27)

Die romantische Beschreibung des Helden in der Natur wird von Keller humorvoll dargestellt. "Nun war der Geist in ihn gefahren" kann als Kritik am übersteigerten Gefühl, das unbedachtes Handeln zur Folge hat, gelten. Der Schneider war nun "besessen". Der Konflikt jedoch besteht: der Schneider ist kein Graf, und nur als solchem scheint es ihm möglich, Nettchen zu gewinnen. Wie ist er in diese Lage geraten?

16. Sein angeborenes Bedürfnis, etwas Zierliches und Aussergewöhnliches vorzustellen, wenn auch nur in der Wahl der Kleider, hatte ihn in diesen Konflikt geführt... (S. 28)

Der Schneider ist sich nun bewusst, dass man von aussen nicht in eine Rolle hineinwachsen kann. Mit dieser Erkenntnis, vom Erzähler dargebracht, bekommen wir einen Einblick in Kellers Erzählhaltung. "Vorstellen" ist Kellers Kritik. Hierfür hat er kein Verständnis. Wieder wird der Schneider gezwungen, sich aus der Affäre zu ziehen.

17. Seltsam aufgeregt und bekümmert ging er hinweg, nahm seinen famosen Mantel um und schritt mit wehenden Locken in einem Gartenwege auf und nieder. (S. 30)

Wir sehen hier deutlich einen Abstieg: der Schneider schreitet nicht mehr, sondern geht hinweg. Auch der Mantel erfährt eine stiefmütterliche Behandlung, man fühlt die Gedankenlosigkeit, mit der der Schneider den Mantel umnimmt, und auch die Natur, die ihn bisher so herrlich eingerahmt hat, ist auf einen "Gartenweg" beschränkt. Wir fühlen hier deutlich das Eingeengtsein, auch nähert sich Keller hier mit seiner Beschreibung dem Realismus.

18. Er bedeckte ihre glühenden Wangen mit seinen fein duftenden, dunkeln Locken und sein Mantel umschlug die schlanke, stolze, schneeweisse Gestalt des Mädchens wie mit schwarzen Adlersflügeln... (S. 31)

Nettchen ist hier noch das Bild der Unschuld, und der Mantel wird von Keller sprachlich zu "Adlersflügeln" erhoben.

Hier endet der erste Teil der Erzählung, und wir nähern uns jetzt der Aufdeckung durch die Seldwyler, die zur Fastnachtszeit geschah. Der Zug der Goldacher und der Seldwyler mutet wie ein Fastnachtsspiel aus dem 15. Jahrhundert an. Ueber die Funktion desselben sagt Erwin W. Roessler: "Throngs of masked citizens paraded through the cities and entered private residences, inns and bar-rooms, where they sought to evoke laughter by mimicking certain types that embodied ludicrous characteristics." (29)

19. Im ersten Schlitten sass Strapinski mit seiner Braut, in einem polnischen Ueberrock von grünem Sammet, mit Schnüren besetzt und schwer mit Pelz verbrämt und gefüttert. Nettchen war ganz in weisses Pelzwerk gehüllt, blaue Schleier schützten ihr Gesicht gegen die frische Luft und gegen den Schneeglanz. (S. 33)

Strapinski hat sich jetzt von seinem Mantel getrennt, denn er ist nun in seine Scheinexistenz hineingewachsen, er ist jetzt der Graf Strapinski und als solcher gekleidet. Farbsymbolisch kann man die Bekleidung wie folgt interpretieren: Grün ist die Farbe der Verliebten, Symbol für die Jugend, Freude und Hoffnung. (30) Auf den Schneider übertragen kennzeichnet es immer noch seine Arglosigkeit und unterstützt noch das romantische, emotionelle Bild von ihm. Der Sammet und Pelz seines Grafenrocks verkörpern ein gehobenen Ständen vorbehaltenes Material, sind aber gleichzeitig Ausdruck der Notwendigkeit von Aesthetik in Strapinskis Leben. Nettchens Weiss verkörpert ihre Reinheit, und das Pelzwerk gebührt ihrem Stand. Wichtig hier wieder das Blau des Schleiers, der ihr Gesicht schützt. Er schützt Nettchen noch immer vor der Wahrheit. Fallen der Schleier und die Verkleidung, haben wir den Beginn der Realität. Die Aufdeckung der Verkleidung geschieht durch eine andere Verkleidung, diesmal eine legitime im Fasching. Die Aufdeckung selbst ist eine naturgetreue Nachahmung der echten-unechten Situation:

20. Er war ein schlanker junger Mann in dunklem Mantel, dunklen schönen Haaren und mit einer polnischen Mütze; es war niemand anders als der Graf Strapinski, wie er an jenem Novembertag auf der Strasse gewandert und den verhängnisvollen Wagen bestiegen hatte. (S. 37)

Wenn wir dieses Zitat mit dem vorangegangenen Zitat vergleichen, liegt dazwischen das Ausmass, das diese anfangs harmlose Verkleidung angenommen hat. Es liegt in der Technik der Beschreibung von Keller, dem Leser jetzt vor Augen zu Führen, wer wirklich an jenem Novembertage nach Goldach kam: "ein schlanker, junger Mann im dunkeln Mantel",* die Antithese zum Grafen Strapinski. Wenn der schlanke jung Mann dann

21. ..., den Mantel auf den Boden breitete, sich schneidermässig darauf niedersetzte... (S. 38)

und in grosser "Hast und Geschicklichkeit" (Anspielung auf die Kürze und Unglaubwürdigkeit der Situation) sich einen Grafenrock schneidert und "seinen fadenscheinigen Rock" mit diesem "Prachtkleid" vertauscht, ist die Aufdeckung vollzogen.

22. ..., der Mann wickelte seine Siebensachen in den alten Mantel und warf das Pack weit über die Köpfe der Anwesenden hinweg in die Tiefe des Saales, als wollte er sich ewig von seiner Vergangenheit trennen. (S. 38)

* (S. 37)

Wie fadenscheinig der Mantel uns jetzt erscheint, und wie er es doch war, der die Goldacher zu dem ganzen Selbstbetrug veranlasst hatte! Hierin haben wir einen weiteren Einblick in Kellers Erzählhaltung: seine Verachtung für die Masslosigkeit der tatenlosen menschlichen Phantasie. Keller liess, mit spielerischer Leichtigkeit, eine Handlung vor uns ablaufen, deren unfassbare Ausmasse und Unmöglichkeit er in zwei Abschnitten zusammenfasst. Die Kürze der Wiedergabe des eigentlichen Geschehens ist Kellers Kommentar: so geht das nicht. Und hiermit beginnt Kellers Rationalisierung, die auf die Rehabilitierung des Wenzel Strapinski als Schneider hinzielt.

23. Er ging durch die Goldacher und Seldwyler, welche die Treppen bedeckten, hindurch wie ein Toter, der sich gespenstisch von einem Jahrmarkt stielt... (S. 40)

Wenzel Strapinski ist in diesem Augenblick geboren. Der Tote ist der Graf Strapinski. Von Wenzels äusserer Erscheinung sagt Keller nur noch:

24. Er war barhäuptig, denn seine Polenmütze war im Fenstergesimse des Tanzsaales liegengeblieben... (S. 40)

Dieses Zitat hat in seiner Schlichtheit beinahe einen religiösen Anstrich: die Barhäuptigkeit bringt die Demut des einfachen Menschen zutage. Der Mantel, als Symbol und Anregung der Selbsttäuschung, "der Torheit der Welt", wie Keller sie nennt, fällt auf den folgenden 22 Seiten fort, die sich mit der Rehabilitierung des Schneiders befassen. Diese erfolgt fast ausschliesslich auf der menschlichen Basis im Dialog und inneren Monolog von Wenzel und Nettchen. Keller lobt den Grafen Strapinski noch einmal auf Seite 45:

25. Ja, er war es. Der dunkelgrüne Samt seines Rockes nahm sich selbst auf dem nächtlichen Schnee schön und edel aus; der schlanke Leib und die geschmeidigen Glieder, wohl geschnürt und bekleidet, alles sagte noch in der Erstarrung, am Rande des Unterganges, im Verlorensein: Kleider machen Leute! (S. 45)

Der "Leib", der "Schnee", die "Erstarrung" sind Symbole für den Tod.

26. Er blickte um sich und sah die Retterin vor sich stehen. Sie hatte den Schleier zurückgeschlagen; Wenzel erkannte jeden Zug in ihrem weissen Gesicht, das ihn ansah mit grossen Augen. (S. 46)

Der Schleier, das letzte Hindernis der menschlichen Verständigung, war ebenfalls gefallen. Die Rehabilitierung, die mit Wenzels Aufnahme und Erfolg in der Gesellschaft endet, geschieht auf 15 Erzählseiten, gedanklich und sprachlich auf den Realismus hin orientiert. Am Ende der Erzählung erscheint das Mantelmotiv noch einmal in Verbindung mit anderen Bekleidungsstücken:

27.   Er machte ihnen ihre veilchenfarbigen oder weiss und blau ge-
      würfelten Sammetwesten, ihre Ballfräcke mit goldenen Knöpfen,
      ihre rot ausgeschlagenen Mäntel, und alles waren sie ihm schuldig,
      aber nie zu lange Zeit. (S. 60)

   Dieser Satz mutet wie ein Farbfleck auf einer monochromatischen Palette
an. Die monochromatische Palette symbolisiert hier die Bürgerlichkeit. Wenzel
ist nun zum zweiten Mal in seine Rolle hineingewachsen, diesmal jedoch durch
sein Schaffen und nicht sein Träumen. Keller hat, wie im Märchen: <u>Das Märchen
vom falschen Prinzen</u>, seinen Schneider in eine bequeme bürgerliche Existenz versetzt. Hierin ist ein Kompromiss in Kellers Haltung fühlbar: Der Schneider träum-
te von einer romantischen, höheren Existenz, er wollte etwas Höheres "darstellen".
Das erwies sich als unmöglich, also musste der Schneider handeln, und sein Handwerk als Grundlage verhalf ihm, zusammen mit einigen oft recht unwahrschein-
lichen Zufällen, zu einer "gehobenen" bürgerlichen Existenz.

28.   Dabei wurde er rund und stattlich und sah beinahe gar nicht mehr
      träumerisch aus; ... (S. 60)

   Keller hat den Schneider nun vollends entromantisiert, er ist nun auch
äusserlich ein Mitglied der bürgerlichen Gesellschaft geworden.

B. Sprachliche Behandlung

a. Romantik

   Ueber zwei Drittel der Erzählung ist die Handlung sprachlich von der Romantik beeinflusst. Keller hat der Erzählung einen Wert gegeben, der sie über das
Märchen dadurch erhebt, dass sie nicht mit einer leicht akzeptierbaren Moral
endet; aus diesem Grunde hat er die Sprache aus der konventionellen Märchen-
sprache erhoben. Er präsentiert daher die Geschichte des romantischen Schneiders und dessen Abenteuern in einem geschraubten Stil. (31) Jedoch mutet die Erzählung durchweg wie ein Märchen an, was nicht nur sprachlich, sondern auch
thematisch, durch die vielen Zufälle, bedingt ist. Zu Beginn der Erzählung erin-
nert die Sprache oft an Eichendorff: Keller bedient sich einer verniedlichenden, ge-
spreizten Sprache, deren Merkmale Sentimentalität und Subjektivität sind, was typisch für die romantische Literaturepoche war. Auf Seite drei sehen wir die Veräus-
serlichung des romantischen Konzepts in der Beschreibung des Schneiders: der
Mantel verlieh ihm ein "edles und romantisches Aussehen". Es ist hier schwierig,
die Idee von der Sprache zu trennen, denn Keller drückt durch den Gebrauch dieser
Sprache Gedanken aus, die für die stoffliche Entwicklung der Erzählung wichtig
sind und zum Ausdruck derer die Sprache lediglich ein Mittel zum Zweck ist. Wir
sehen auch, dass der Mantel als praktisches Objekt überhaupt keine Funktion hat,
im Gegenteil, er ist dem Träger eher hinderlich in seinem Fortkommen. Auf Seite fünf (Zitat 6) sind die Adjektive wie "schön", "blass", "schwermütig" lediglich

subjektive Verzierungen, die dadurch dem Schneider gleichzeitig eine Passivität aufzwingen.

Auch bedient sich Keller des Partizips der Gegenwart, wie im Zitat 6: "zur Erde blickend". Damit geht Keller auf einen Schreibstil über. Keller benutzt diese Partizipien in den ersten zwei Dritteln im Zusammenhang mit dem Mantelmotiv dreimal: "zur Erde blickend", "den Weg erspähend" und "seinen Mantel sittsam zusammennehmend". In jedem dieser Fälle tut der Schneider etwas, was von seiner Umgebung anders ausgelegt wird: wenn er "schwermütig" zur Erde blickt, glaubt man, daran das Benehmen eines hochstehenden Menschen zu erkennen, wobei "schwermütig" nur so durch die subjektive Betrachtung angesehen werden kann. Der Schneider kann genau so "schlicht" zur Erde geblickt haben. Wenn er einen möglichen Fluchtweg "erspähen" will, glaubt seine Umgebung, er betrachte das schöne Gelände, und wenn er seinen Mantel "sittsam" zusammennimmt, ist er durch denselben von seiner Umgebung völlig isoliert und nun vollkommen den subjektiven Hirngespinsten der Goldacher ausgeliefert.

Das Wort "erspähen" (Zitat 10) ist eine literarische Erhebung für "sehen" oder "entdecken" und bezeichnend für eine romantische Erzähltechnik. Ausserdem benutzt Keller fast niemals ein Substantiv ohne ein beschreibendes Adjektiv: "verdutzter Schneider", "geheimnisvoller Prinz", "wohnlicher Speisesaal", "ehrwürdiger Mantel", "drohende Mahlzeit", "schönes Gelände", "bewölkte Stirn", "lieblichen und schwermütigen Mundbärtchen", "glänzenden schwarzen Locken", "dunklen Augen", "faltigen Mantel", "gutem Anstand", "schmucken, leichten Fuhrwerk", "fallende Blätter", "goldner Regen", "verklärtes Haupt", "famoser Mantel", "wehenden Locken", "glühende Wangen", "fein duftende dunkle Locken", "schneeweisse Gestalt", "schwarze Adlersflügel".

Diese romantische Beschreibungstechnik erschliesst dem Leser den subjektiven Gemütszustand der romantischen Epoche. Ausserdem beweisst sie, wie wichtig zu dieser Zeit derartige Aeusserlichkeiten waren und wie sehr der Schein die Realität überdeckte. Diese Art der Erzähltechnik entbehrt nicht nur der Sachlichkeit, sondern nimmt dem Leser durch ihre subjektive Darstellung die Unvoreingenommenheit einer sachlichen Urteilskraft. Sie ist daher die Antithese zu einer subtilen Denk- und Aufnahmefähigkeit.

Zu der Art der beeinflussenden Beschreibung durch die Beifügung von Adjektiven kommt die beteiligte Naturbeschreibung der romantischen Epoche hinzu. Zu Beginn der Erzählung "an einem unfreundlichen Novembertage wanderte ein Armes Schneiderlein..." ist die Natur der Stimmung des müden, hungrigen Schneiders angepasst. Auf Seite 19, "... und schritt unter einer Reihe von hohen Akazien in der Abendsonne langsam auf und nieder..." und "... der Abendschein und das Säuseln der Bäume über ihm erhöhten noch den Eindruck.", unterstreicht die Natur der Erscheinung des Schneiders durch ihren romantischen Hintergrund, der einmal durch das Auge, "Abendschein", und dann auch hörbar, "säuseln der Bäume", empfunden werden kann. Auf Seite 27, "... die fallenden Blätter der Linden tanzten wie ein goldener Regen um sein verklärtes Haupt. Nun war der Geist in ihn gefahren.", verbindet sich die Natur mit der Erscheinung des Schneiders, die hier vergeistigt ist. In diesem Zitat kann man den Höhepunkt der romantischen Beschreibungstechnik in "<u>Kleider machen Leute</u>" sehen. Danach fallen die romantischen Naturbeschreibungen fort, und auf Seite 30 ist es nur noch ein "Gartenweg", auf dem sich der Schneider unruhig bewegt.

b. Realismus

In diesem Abschnitt, dessen sprachliche Wendung auf Seite 40 eintritt,

23. Er ging durch die Goldacher und Seldwyler, welche die Treppen bedeckten, hindurch wie ein Toter, der sich gespenstisch von einem Jahrmarkt stiehlt... (S. 40),

fällt das Mantelmotiv, bis auf ein Zitat am Ende der Erzählung, fort. Hierin liegt die echte Motiv-Funktion: er verschwindet, um andere Bilder hervorzuheben. Jedoch erscheint es notwendig, um die Erzählung völlig zu erfassen, dass wir hier trotzdem auf einige sprachliche Eigenheiten eingehen. Die Stilwendung dient wiederum dazu, die Thematik auch technisch zu unterstützen. Wir erfahren hier eine Wendung von der Romantik zum Realismus. Der Stil der Realisten zeigt gegenüber den vorangegangenen Epochen eine grössere Sach- und Dinggebundenheit. Er vermied Extreme wie Pathos und Exaltation, war gedämpft, nüchtern und gefeilt und zeigte innerhalb dieser mittleren Lage eine grosse, an den persönlichen Stil geknüpfte Variationsbreite. (32)

Zitat 23 entbehrt bereits jeglicher Adjektiva und gibt die Stimmung durch die kanppe, sachliche Beschreibung an. Im nächsten Zitat

24. Er war barhäuptig, denn seine Polenmütze war im Fenstergesimse des Tanzsaales liegengeblieben... (S. 40)

ist der Stil schon vollkommen sachlich und die einzige Beschreibung ist "barhäuptig": jegliche Verzierung fehlt. Auch sind die Substantiva wie "Fenstergesimse" und "Tanzsaal" Ausdrücke des bürgerlichen Lebens. Die Eulogie auf Seite 45 ist nicht nur ein Nachruf auf den toten Grafen Strapinski sondern eine Zusammenfassung der toten, romantischen subjektiven Scheinwelt:

22. Der dunkelgrüne Samt seines Rockes nahm sich selbst auf dem nächtlichen Schnee schön und edel aus; der schlanke Leib und die geschmeidigen Glieder, wohl geschnürt und bekleidet, alles sagte noch in der Erstarrung, am Rande des Untergangs, im Verlorensein: Kleider machen Leute. (S. 45)

"Schön und edel", "schlanker Leib", "geschmeidige Glieder" kennzeichnen die vergangene romantische Epoche.

> Er blickte um sich und sah die Retterin vor sich stehen. Sie hatte
> den Schleier zurückgeschlagen; Wenzel erkannte jeden Zug in ihrem
> weissen Gesicht, das ihn ansah mit grossen Augen. (S. 46)

Auch hier gehen Thematik und Sprachtechnik wieder Hand in Hand. Die Sprache ist straffer geworden im Vergleich mit den Zitaten aus der romantischen Epoche. Wenzel und Nettchen sehen sich zum ersten Mal als zwei Menschen ohne falsche Vorstellungen. Nettchen ist kurz "die Retterin" und die Adjektiva wie "weiss" und "grossen" haben ihre Berechtigung, das Weiss ist einmal symbolisch für Nettchens Reinheit, ausserdem ist es eine sachlichere Beschreibung als ein "blasses Gesicht", was einen physiologischen und seelischen Zustand vermuten liesse. Die "grossen" Augen stehen hier im Gegensatz zu "dunklen" oder "schwermütigen" Augen der vorherigen Epoche: Nettchen kann nun, nachdem der Schneider von seinem Mantel befreit ist, auch ihrerseits, durch das Wegfallen des Schleiers der Wirklichkeit, dem entromantisierten Schneider, ins Ausge blicken.

Nachdem Wenzel und Nettchen sich über acht Erzählseiten nun menschlich näher gekommen sind und Nettchen ihrer Treue und Liebe zu Wenzel Ausdruck gegeben hat:

> Keine Romane mehr! Wie du bist, ein armer Wandersmann, will
> ich mich zu dir bekennen... (S. 55),

ist Nettchens Bekenntnis nun ein Höhepunkt der realistischen Denkauffassung geworden, und wir können hier ebenfalls Keller sprechen hören im eigenen Bekenntnis zum Realismus, denn es scheint ihm hier zu ernst zu sein, um seine Meinung zu tarnen: hier spricht der Autor offen über die Tragweite seines Werkes.

> Wenzel führte jetzt die Zügel. Nettchen lehnte so zufrieden an ihn,
> als ob er eine Kirchensäule wäre. (S. 55)

Auch Wenzel ist nun von Keller mit einer neuen oder grundsätzlichen Identität versehen worden. Keller geht hier über die Re-Etablierung der eigentlichen Schneiderexistenz hinaus. Das obige Zitat beschreibt einen ungeheuren Wandel in einem Menschen mit der grössten Knappheit. H. A. und E. Frenzel sagen weiter über Realismus: "Der Realismus wollte die ihm fassbare Welt unparteiisch beobachten und schildern. Ausgeschaltet wurde, was jenseits des Realen liegt, ebenso wie Gefühl und Meinung des Dichters selbst. Voraussetzung dafür war der Glaube an eine klare Scheidung von Subjekt- und Objektsphäre. Die Wirklichkeit an sich sollte gezeigt werden." (33)

Keller geht hier nicht ganz so weit: er kann sich gewisser Meinungen und Gefühle nicht enthalten, jedoch liegen die Requisiten für erhebende Gefühle jetzt ganz im Bereich der bürgerlichen Vorstellungskraft. "Kirchensäule" ersetzt jetzt romantische, subjektive Vergleiche, hat aber einen sehr humorvollen Anstrich, wenn wir uns den zartbesaiteten Schneider, jetzt mit einer Kirchensäule verglichen, vor Augen führen. Können wir hier Ansätze zu einer subtilen Kritik an der realistischen Epoche als zu prosaisch und zu entromantisiert erkennen?

... und schritt stolz durch die dort ebenfalls noch hausenden Seldwyler hindurch in ein Zimmer, das er begehrte, und überliess sie ihren erstaunten Beratungen. (S. 55)

Wie sehr hat sich Wenzel verändert vom unsichern, romantischen Schneider des Novembertags. "Stolz" gibt das Mass des innern Gleichgewichts und der Selbstsicherheit des Schneiders wieder. "Zimmer" ist ebenfalls ein bürgerlicher Begriff.

... denn sie (Nettchen) habe sich überzeugt, dass er ein guter Mensch sei und sie glücklich machen werde. (S. 57)

Das Hauptverb "überzeugt" beschreibt einen Zustand, der aus Erfahrung entsteht und nicht aus Vorstellung. "Guter Mensch" ist eine bescheidene, fundamentale Realität und eine Voraussetzung zum bürgerlichen Glück.

Was die Ereignisse in Goldach betraf, so wies der Advokat nach, dass Wenzel sich eigentlich gar nie selbst für einen Grafen ausgegeben, sondern dass ihm dieser Rang von andern gewaltsam verliehen worden; ... (S. 59)

Hier wird Wenzel "legal" rehabilitiert. Der "Advokat" ist der unparteiische, geschulte Richter der Situation und steht als nicht anzuzweifelndes Symbol für die Struktur der bürgerlichen Gesellschaft. Sein Rang und sein Wort in der bürgerlichen Gesellschaft ist unantastbar.

Er macht ihnen ihre veilchenfarbenen oder weiss und blau gewürfelten Sammetwesten, ihre Ballfräcke mit goldenen Knöpfen, ihre rot ausgeschlagenen Mäntel, und alles waren sie ihm schuldig, aber nie zu lange Zeit. (S. 60)

Hier werden die ehemals, schein erweckenden und zu Missverständnissen führenden Kleidungsstücke noch einmal, vom Realismus beleuchtet, aufgeführt; Keller macht diese Kleidungsstücke zu erwerblichen Objekten, die jedem Bürger zugänglich sind, der dafür bezahlen kann.

VIII. HUMOR

Eines der wichtigsten literarischen Ornamente, die Keller zur Unterstützung seines Motivs benutzt, ist der Humor. Durch den Humor manifestiert sich auch ein Teil von Kellers Erzählhaltung. Keller verfolgt dabei zwei Richtungen: einmal hilft ihm der Humor, die Entwicklung des Schneiders zu beschreiben und zweitens dient ihm der Humor dazu, die Gesellschaftskritik, also die Kritik der Goldacher und Seldwyler Bürger, zu überbrücken und zu mildern. Das Mantelmotiv selbst zieht sich mit viel Humor durch die Erzählung, und die Idee der Behandlung des Motivs setzt bereits eine humorvolle Richtung der Erzählung voraus.

Alle unter "Romantik" diskutierten Momente des Mantelmotivs können auch als Ausdruck von Kellers humorvoller Haltung angesehen werden. Redewendungen wie "solcher Habitus", als humorvolle Erhebung, oder "... dass er der Märtyrer seines Mantels war und Hunger litt, so schwarz wie des letzteren Sammetfutter" (S. 4) oder "also schlug er seinen Radmantel malerisch um ..." (S. 18), ob der Schneider sich romantisch ausnimmt unter den hohen Akazien und dabei innerlich zittert nach einem Ausweg oder ob er die Goldacher entzückt mit "seinem lieblichen und schwermütigen Mundbärtchen", oder ob die Liebe ihn "verklärt" erscheinen lässt und "der Geist ist in ihn gefahren" (S. 27), des alles umgibt den Schneider stets mit liebevollem Humor.

Der Schneider trug in seiner Tasche nichts als einen Fingerhut, welchen er, in Ermangelung irgend einer Münze, unablässig zwischen den Fingern drehte, wenn er der Kälte wegen die Hände in die Hosen steckte, und die Finger schmerzten ihm ordentlich von diesem Drehen und Reiben, ... (S. 3)

Hier behält die menschliche Wärme die Oberhand und die Behandlung des Schneiders ist wohlgefällig. Keller vertieft die Sympathien des Lesers, indem er an sein Mitgefühl appelliert durch den doppelten Schmerz, der durch die Kälte und den Fingerhut ausgelöst wird. Auch ist der Fingerhut im Zustande der Ruhe zum Gegensatz seiner ursprünglichen Funktion erniedrigt: Im Schneiderhandwerk fungiert der Fingerhut als Schutz vor der Verletzung und in der Untätigkeit in der Tasche wird er zum schmerzspendenden "Mahner".

"Endlich fasste er sich einen Mut...", "Doch der Schneider, von Sorgen gequält, wagte in seiner Blödigkeit nicht das blanke Messer zu gebrauchen...", "... der arme, zierliche Mann..." Keller versteht es immer, trotz der teilweise urkomischen Situationen, denen diese Beschreibungen entnommen sind, auch, wenn der Schneider vom Wirt missverstanden wird und vor eine "schön lackierte Tür" "mit zierlicher Inschrift" geführt wird oder mit hastigem Hunger "eine belebte Einfuhr" tut, den Leser zu der Angstpsychologie des Schneiders zurückzuführen.

> Ach nein, der Fingerhut wohnte traulich zwischen dem gewonnen Gelde und scheuerte sich freundschaftlich an den Talern (S. 24)

Hier etabliert Keller ein Equilibrium zwischen Handwerk und Handel und wird mit diesem Zitat zum humorvollen Propheten, denn durch das Handwerk kommt der Schneider am Ende zu seiner lukrativen, bürgerlichen Existenz. Auch Nettchen erfährt Kellers humorvollen Spott:

> ... die Augen mit dem Schleier heftig trocknend. Da man aber, wenn man weint, fast immer zugleich auch die Nase schneuzen muss, so sah sie sich doch genötigt, das Taschentuch zu nehmen und tat einen tüchtigen Schneuz... (S. 43)

Nettchen, deren Erscheinung während der romantischen Periode absichtlich dem Leser wenig Sympathien abgewinnen sollte, wie Nettchens oberflächliche Verromantisierung jeglicher Situation beweist:

> 'Ach, das Nationale ist immer so schön!' Glücklicherweise verlangte niemand die Uebersetzung diesen Gesanges. (S. 21)

erfährt hier eine realisierende Einsicht: sie wird in ihrem komischen Schmerz plötzlich vermenschlicht.

> Nettchen wurde mehrmals von einem Anflug von Lachen heimgesucht. (S. 4)

Vom ehrlichen, ungezierten Schmerz zum herzhaften Lachen sind nur annähernd eine Stunde erzählte Zeit vergangen.

> ... und am nächsten Tage fuhren eine Anzahl Männer mit einer ansehnlichen Polizeimacht dort herüber, um dem Amtsrat beizustehen, und es gewann den Anschein, als ob Seldwyla ein neues Troja werden sollte. (S. 59)

Keller benutzt hier noch einmal sehr humorvoll eine mockheroische, mockepische Erhebung, bei der, wie im klassischen Vorbild, es die Bürger sind, die er hier bespöttelt.

Etwas anders als bei Kellers humorvoller Behandlung des Schneiders verhält es sich mit dem Humor im Zusammenhang von Kellers Einstellung zu den Bürgern von Goldach und Seldwyla. Seiner Kritik an deren Spiessbürgerlichkeit und Selbsttäuschung ist durch den Humor die Schärfe genommen. Keller macht sich über ihre "Torheit der Welt" (S. 41) lustig. Wenn der Wirt (Der wackere Wirt) zur Köchin sagt: "Wir leben hier solid und ehren fest und vermögen es." (S. 6), oder wenn die Köchin beim Anblick des verängstigten Schneiders, der "schüchtern und zimperlich mit der silbernen Gabel" (S. 9) am Fisch hantiert ausruft: "Gelobt sei Jesus Christ! Der weiss noch einen Fisch zu essen..." (S. 9) (Bespöttelt wird hier auch die religiöse Ueberhobenheit für eine banale Beobachtung), verliert Keller niemals die Perspektive der bürgerlichen Kritik. Da jedoch Kellers Wirklichkeit zum bürgerlichen Ralismus hin rationalisiert wird, muss sein Humor im Bereich des gutmütigen Spottes bleiben. Das drückt sich aus in:

> ... allein, statt ihre Partie zu spielen, gingen sämtliche Herren in weitem Bogen hinter dem polnischen Grafen herum, die Hände in den hinteren Rocktaschen, mit den Augen blinzelnd und auf den Stockzähnen lächelnd. (S. 13)

Ausdrücke wie "auf den Stockzähnen lächelnd" (S. 13) und "Wäldchen" (S. 13), (auf Weingläser bezogen), sind dem Schweizer Leben von Keller entnommen. Aus diesem Bereich kommt auch das folgende Zitat:

> Mittlerweile teilte sich die Gesellschaft in zwei Partien, um das versäumte Spiel nachzuholen, da in diesem Lande keine Männer zusammen sein konnten, ohne zu spielen, wahrscheinlich aus angeborenem Tätigkeitstriebe. (S. 16)

das in seiner Thematik fast ausserhalb der Erzählung steht, was ebenfalls aufschlussreich für Kellers persönliche Haltung ist. Später sehen wir, wie mit dem Fortschritt der Handlung Kellers Kritik der Bürger sich verringert, sein Humor ist dann nur noch Spott, aber keine wirkliche Kritik mehr, wie das Nettchen-Helena-Zitat beweist.

IX. ZUFALL UND KELLERS WIRKLICHKEIT

Die, trotz der realistischen Zeitepoche Kellers, durch den Zufall gefärbte Handlung der Erzählung kann sich dadurch von einer Märchentendenz nicht frei machen. Ohne diese Zufälle wäre die Handlung nicht zustande gekommen.

> Nun musste es sich aber fügen, dass dieser, ein geborener Schlesier, wirklich Strapinski hiess. Wenzel Strapinski, mochte es nun Zufall sein, oder mochte der Schneider sein Wanderbuch im Wagen hervorgezogen, es dort vergessen und der Kutscher es zu sich genommen haben. (S. 12)

Hier versucht Keller selbst diesem Zufall eine mögliche Erklärung zu geben und auch in den folgenden Zitaten:

> Nun war es eine weitere Fügung, dass der Schneider, nachdem er auf seinem Dorfe schon als junger Bursch dem Gutsherrn zuweilen Dienste geleistet, seine Militärzeit bei den Husaren abgedient hatte und demnach genugsam mit Pferden umzugehen verstand. (S. 15)

und

> Der Graf wurde gebeten, ein polnisches Lied zu singen. Der Wein überwand seine Schüchternheit endlich, obschon nicht seine Sorgen; er hatte einst einige Wochen im Polnischen gearbeitet und wusste einige polnische Worte, sogar ein Volksliedchen auswendig, ohne ihres Inhalts bewusst zu sein,... (S. 21)

liegt der Zufall ebenfalls noch im Bereich des Möglichen. Im nächsten Zitat

> Diese Leute waren nichts weniger als lächerlich oder einfältig, sondern umsichtige Geschäftsmänner, mehr schlau als vernagelt; allein da ihre wohlbesorgte Stadt klein war und es ihnen manchmal langweilig darin vorkam, waren sie stets begierig auf eine Abwechslung, ein Ereignis, einen Vorgang, dem sie sich ohne Rückhalt hingaben. Der vierspännige Wagen, das Aussteigen des Fremden, sein Mittagessen, die Aussage des Kutschers waren so einfache und natürliche Dinge, dass die Goldacher, welche keinem müssigen Argwohn nachzuhängen pflegten, ein Ereignis darauf aufbauten, wie auf einen Felsen. (S. 23)

sind es Tatsachen und Zufälle, miteinander vermischt, die die Handlung sich abrollen lassen. In diesem Zitat spricht nur der Autor als sachlicher Beobachter. Er bereitet damit die Handlung vor, indem er dem Leser einen Einblick ermöglicht in die Psychologie der Goldacher Bürger. Der Zufall liegt hier dann nur darin, dass ein bestimmtes, alltägliches Ereignis geschehen war zu einem bestimmten Zeitpunkt, und durch die Verschmelzung dieser beiden Tatsachen waren alle weiteren Konsequenzen möglich. Keller ermöglicht dadurch nicht nur dem Schneider ein Hineinwachsen in seine, ihm auferlegte, Scheinexistenz, sondern auch dem Zufall ein Entfalten bis zu märchenhaften Ausmassen. Auch das nächste Zitat

> Schon hatte er mehr als einmal ein paar Gulden gewonnen und dieselben wieder zum Erwerb neuer Lose verwendet, als er eines Tages von einem fremden Kollekteur, der sich aber Bankier nannte, eine namhafte Summe empfing... (S. 29)

liegt noch im Bereich der Glaubwürdigkeit, da es sich nicht um Zauberwirkungen oder dergleichen handelt. Im nächsten Zitat jedoch

> Sie meine, wer das Kind kenne, könne nicht mehr von ihm lassen. (S. 51)

ist der Ausspruch der Mutter wie eine Prophezeiung, die sich dann auch bewährt hat:

> Kommt Freunde, seht unsern sanften Schneidergesellen, der wie ein Raphael aussieht und unsern Dienstmägden, auch der Pfarrerstochter so wohl gefiel..." (S. 39)

Im folgenden Zitat jedoch geht der Zufall über das Auffassungsvermögen des noch, oder, mit gutem Willen Akzeptierbaren hinaus. Keller scheint hier bemüht zu sein, die Erzählung nun zu einem raschen und für alle Beteiligten zufriedenstellenden Ende zu führen. Man fragt sich: warum? Das ist aufschlussreich für Kellers eigene Einstellung zur Erzählung. Die romantische Phase ist beendet, die Erzählung nährt sich der Realität, und nun ist Keller in einer seltsamen Eile, zum Ende zu gelangen, nachdem er sich in langen, romantischen, humorvollen Beschreibungen der Schneider-Grafensituation ergangen hat. Die Entzauberung des Aestheten-Schneiders scheint ihm, obwohl er sie als nicht zu umgehende Notwendigkeit ansieht, eine Pflicht zu sein, deren man sich am besten schnell entledigt. So lässt er dann auch den Leser einen kurzen Einblick in sein Innerstes tun:

> Die allzeit etwas kokette Mutter Natur hatte hier eines ihrer Geheimnisse angewendet, um den schwierigen Handel zu Ende zu führen. (S. 54)

Die Natur, die Urkraft der Romantik, wenn auch jetzt mit einem etwas realistisch fassbarem, Adjektiv ausgestattet (kokett), ist der letzte versöhnende Zufall, "um den schwierigen Handel zu Ende zu führen". Liegt in diesem Zitat nicht Kellers wahre Wirklichkeit im Bereich der Romantik? Er nennt die Natur hier noch "die Mutter", also ein fundamentaler Begriff, und wenn auf den letzten Seiten der Erzählung die Handlung völlig von der Natur befreit ist und zum Realismus übergegangen ist, wird sie nicht dann, für den Leser weniger glaubhaft als die Zufälle des romantischen Abschnittes in der Erzählung, eine Tatsache, die beweisen würde, dass Keller mit seiner Schilderung der Wirklichkeit, wenn das Märchenhafte aus der Erzählung gewichen ist, nicht überzeugend wirken kann oder will?

X. ANMERKUNGEN

Kleider machen Leute von Gottfried Keller

1. B.A. Rowley, "Kleider machen Leute," Barron's Studies in German Literature (New York, 1960), S. 9.
2. Vgl. B.A. Rowley, "Kleider machen Leute," S. 40.
3. Gerhard Neuner, Die Bedeutung des Kleides in Shakespeares Dramen (Diss. München, 1968) S. 141.
4. B.A. Rowley, S. 37-38.
5. Vgl. Arnold Runge, Die Komödie in Wädenschwyl am Zürichsee, Gesammelte Schriften (Mannheim, 1948), S. 156-179.
6. Vgl. B.A. Rowley, S. 38.
7. B.A. Rowley
8. The Romans, ed. J.P.V.D. Balsdon (New York, 1965), S. 270.
9. B.A. Rowley, S. 39.
10. B.A. Rowley, S. 10
11. Vgl. B.A. Rowley, S. 12.
12. B.A. Rowley, S. 19.
13. Vgl. B.A. Rowley, S. 16.
14. B.A. Rowley, S. 16-17.
15. Vgl. Stuart Atkins, "Vestis virum reddit"(Gottfried Kellers "Kleider machen Leute"), Monatshefte für den deutschen Unterricht, XXXVI, 1944, S. 100
16. Vgl. B.A. Rowley, S. 19.
17. Vgl. B.A. Rowley, S. 20.
18. E.F. Hauch, "Gottfried Keller as a Democratic Idealist," in Columbia University Germanic Studies, Vol. 20. (New York, 1966), S. 12.
19. Vgl. Gottfried Keller, Das Fähnlein der sieben Aufrechten, S. 13.
20. E.F. Hauch, S. 27.
21. Vgl. Koester, "Briefwechsel zwischen Keller und Storm," S. 30.
22. E.F. Hauch, S. 71-72.
23. Vgl. E.F. Hauch, S. 89

24. Vgl. E.F. Hauch, S. 90
25. Ebenda.
26. Paul Wüst, "Entstehung und Aufbau von Gottfried Kellers Seldwyler Novelle 'Kleider machen Leute'" in Mitteilungen der literaturhistorischen Gesellschaft Bonn, IX. 1914, S. 97.
27. S. Atkins, S. 97.
28. G. Neuner
29. E.W. Roessler, "The Soliloquy in German Drama," in Columbia University Germanic Studies, Vol. 19. (New York, 1966), S. 24.
30. G. Neuner, S. 149.
31. Vgl. S. Atkins,
32. H.A. und E. Frenzel, Daten Deutscher Dichtung (München, 1962), S. 145.
33. H.A. und E. Frenzel, S. 413.

I. EINLEITUNG

A. Ursprung der Thematik

Gogols Geschichte stützt sich auf eine Anekdote, die er 1834 auf einer Teegesellschaft gehört hatte. Janko Lavrin gibt den folgenden Verlauf der Anekdote:

> One of the official guests related how a certain minor official, being passionately fond of sport, cut all his expenses in such a way as to save enough money to buy a fine sporting rifle. He bought the rifle, but on the very first day of his sport he dropped it quite by chance into a river. The poor man fell ill and would probably have lost his reason had not his comrades made a collection and presented him with another rifle. (1)

Die Erzählung erschien im Herbst 1842 als erster Teil der gesammelten Werke. (2) Zwischen der Teegesellschaft, auf der Gogol die Geschichte hörte, und deren Veröffentlichung liegen acht Jahre. Gogol hatte zur Zeit der Teegesellschaft bereits seine ersten bitteren Petersburger Erfahrungen (1828) hinter sich, die ihren Eindruck auf ihn bis zum Erscheinen der Erzählung, also 14 Jahre später, nicht verblassen liessen.

Wir sehen hier bereits, wie Gogol das humorvolle Element ausser acht liess.

B. Autobiographische Ansätze

Gogols erste Erfahrung in Petersburg 1828, als er von Vasilevka, dem Familienbesitz, nach Petersburg reiste, war, dass seine Nase erfror und er daher einige Tage an das Haus gefesselt wurde. Im zweiten Teil der Erzählung, als ein Wachsoldat das Gespenst bei dem versuchten Diebstahl des Mantels eines Musikanten erwischt hatte und ihn zwei Kameraden übergab, "während er seine Tabaksdose sucht, um ihm die halberfrorene Nase wieder zu beleben" (S. 41) nimmt Gogol einige der wenigen wirklich humorvollen Situationen möglicherweise aus seinem eigenen Erfahrungsbereich. Ansonsten erregte Gogols Ankunft in Petersburg keine sonderliche Aufmerksamkeit. (3) Ueber die frühe Petersburger Zeit sagt Carl. R. Proffer:

> Confronted by the hostile climate, exorbitantly high prices, and surly inhabitants of Petersburg, the young provincial's enthusiasm soon turned as cold as his nose. Though for some time Gogol had been telling his

mother and friends that he hoped to benefit his country in a post in the civil service, it appears that he already planned a literary career. (4)

Am 3. Januar 1829 schrieb Gogol an seine Mutter aus Petersburg unter anderem wie folgt:

> On the road alone I used up more than 300 (rubles); and the purchase of a frockcoat and trousers here cost me 200; and 100 went on a hat, boots, gloves, cab-drivers, and other rubbishy but necessary trifles- and eighty rubles went for the repair of my overcoat and purchase of a new collar for it... (5)

In Der Mantel musste Akaki Akakjewitsch achtzig Rubel für seinen neuen Mantel bezahlen.

Am 30. April desselben Jahres schrieb Gogol seiner Mutter einige Eindrücke von Petersburg:

> Its quietness is extraordinary; no spirit glitters among the people; all the civil servants and functionaries constantly talk about their departments and colleges; everything is crushed, everything is sunk in the useless, insignificant tasks in which they fruitlessly expend their lives. A meeting with them on the boulevards or sidewalks is very amusing; they are so occupied by their thoughts that when you come up beside one of them you hear how he curses and converses with himself, another spices this with gesticulations and waving of the arms. (6)

Wir sehen in diesem Brief weitere Ansätze zur Erzählung; Akaki sprach und gestikulierte wenn er allein auf dem Boulevard ging. Der Unterton von Enttäuschung über seinen Petersburger Empfang und frühen Aufenthalt zieht sich stimmungsmässig durch die ganze Erzählung. Dieses Gefühl wird bestätigt durch Lavrin, der Gogol als egozentrischen Menschen schildert:

> Whenever he leaves his own 'romantic' world of fancies, he usually does so in order to find a few more proofs that the actual world which has rejected him, deserves to be rejected by him. It is here that his observing capacities assume a morbid and one-sided direction, while the growing occupation with his own moods may increase his egotism up to the point of exalted vanity and monomania. (7)

Hieraus ergeben sich weitere Anhaltspunkte, die realistische Seite der Erzählung als mögliches "cover-up" einer subjektiven Erzählhaltung von Seiten Gogols zu betrachten. Diese Annahme wird noch durch die weitere Beschreibung Lavrins der ersten Petersburger Zeit Gogols bestärkt. Gogol ist nach Petersburg übersiedelt in der Hoffnung dort Jurisprudenz zu studieren, um damit "der Menschheit zu dienen" (8), aber:

... his expectations met here with cruel blows. The 'heavenly spot' of his letters soon proved to be more like a hell for a man without money and without connections. Instead of being welcomed by all and sundry, he discovered that in the capital he was of hardly more account than a stray cat or a mouse. Instead of renting a palace on the Neva embankment, he had to contend himself with humble fifth-floor rooms in one of the side streets. And instead of a brilliant career in which he could shower blessings upon humanity, he vainly sought the post of an underpaid clerk. (9)

II. FORM UND STRUKTUR

A. Der Erzähler

In <u>Der Mantel</u> haben wir einen Erzähler, der zu uns in der "ich"- und der "wir"- Form spricht. Driessen (10) bezieht sich auf eine Kritik aus dem Russischen bei B. Eichenbaum, welcher auf dem Standpunkt steht, dass dieser Erzähler mit seinem Erzählton eine dramatische Stimmung diktiert. Es ist nicht die Aufgabe dieser Arbeit, sich mit diesem Punkt auseinanderzusetzen, dieser Standpunkt soll nur am Rande erwähnt bleiben, weil er interessant erscheint. Was uns an dem Erzähler interessiert, ist die Erzählhaltung, wobei wir nicht eine Analyse vornehmen wollen, die zur Trennung von Autor und Erzähler führen würde. Diese Arbeit geht, nach den Beobachtungen der vorangegangenen Kapitel davon aus, dass Autor und Erzähler identisch sind. Bereits mitten im ersten Satz unterbricht sich der Erzähler und gibt eine Maxime als Erklärung für diese Unterbrechung:

> Es gibt in Russland kein empfindlicheres Menschengeschlecht als das der Ministerial-, Regiments-, und Kanzeleibeamten. (S. 3)

Auf der nächsten Seite sagt der Erzähler:

> Was seinen Beamtenrang anging - denn bei uns muss man vor allen Dingen den Beamtenrang angeben - ... (S. 4)

Im nächsten Teil, dem der Namensgebung von Akaki Akakjewitsch, spricht der Erzähler wieder in der "wir"- Form:

> Wir haben dies alles so gewissenhaft erzählt damit der Leser sich selbst überzeugen sollte, dass es gar nicht anders zugehen und der kleine Akaki einen andern Namen gar nicht erhalten konnte. (S. 5)

Im nächsten Abschnitt, dem der Einführung in das Beamtenmilieu, erfährt der Leser wieder eine Maxime vom Erzähler:

> ... denn in welchen Lebenslagen der Russe sich auch befinden mag, von der vornehmen Welt vermag er seine Gedanken nie abzulenken. (S. 11)

Im gleichen Abschnitt spricht der Erzähler von "unserer nordischen Kälte" (S. 11) und im Mantelabschnitt erklärt er seine zögernde Bereitwilligkeit, den Schneider zu beschreiben, wie folgt:

Allein, da es einmal so Brauch ist, dass jede in einer Erzählung vorkommende Persönlichkeit mit der ihr eigenen Physiognomie vorgestellt wird, so muss ich wohl oder übel Petrowitsch schildern. (S. 13)

Was können wir aus den oben geschilderten Zitaten ersehen? Zuerst einmal, dass der Erzähler zur russischen Gesellschaft gehört und mit derselben, über die Erzählung hinaus, vertraut ist. In den "wir"- Zitaten identifiziert er sich mit dieser Gesellschaft als ein Teil derselben. Der Leser zweifelt also die Aussagen des Erzählers nicht an, ist jedoch von dem ironischen Ton derselben zur Frage angeregt, wie wohl er sich in dieser Gesellschaft fühlt. Darüberhinaus ist der Leser von der gewissenhaften Pedanterie des Erzählers berührt, ganz besonders im letztaufgeführten Zitat hat der Leser den Eindruck, als ob der Erzähler keine freie Hand bei der Auswahl der zu erzählenden Episoden habe, da sich der Erzähler vollkommen dem Brauch der Gesellschaft unterwirft. Hierdurch erhält die Erzählung einen objektiven, realistischen Anstrich, der jedoch zur subjektiven Kritik wird, durch die Auswahl der Episoden. Dieses bewusste Stilmittel lässt dem Leser wenig Zweifel über den nur scheinbaren Realismus der pendantischen Detailschilderungen, die sich durch die ganze Erzählung ziehen. Zutiefst sind diese realistisch erscheinenden Schilderungen subjektive Kritiken an einer entmenschlichten Gesellschaftsordnung und vermitteln durch ihre Darstellung nur die Illusion der Objektivität. Dazu kommt, dass Maxime wie sie der Erzähler anwendet, in die Zeit der Romantik gehören und nicht die des Realismus.

B. Struktur

a. Formelle Struktur

Die Erzählung zerfällt in zwei Hauptteile: der erste Teil, der realistische Teil, der mit Akakis Tode endet, und der zweite Teil, der sich nach Akakis Tode mit dessen Gespenst befasst. Der erste Teil zerfällt dann noch in einzelne Glieder, so dass der Aufbau wie folgt aussieht:

Teil I: A. Die Bekanntmachung mit Akaki)
    B. Die Namensgebung)
    C. Akaki und der Beamtenstand) Akakis Leben in einer
    D. Der Mantel) statischen, leblosen
     a. Die Erwerbung desselben) Welt
     b. Akaki im Besitz des Mantels)
     c. der Diebstahl)
     d. die hochstehende Persönlichkeit)
     e. Akakis Tod)

Teil II: A. Akakis Gespenst

Im Teil II rächt sich Akaki an der leblosen Welt. Seine Rache geschieht ohne Rücksicht auf Stand oder Stellung durch Diebstähle von Mänteln. (11)

b. Struktur der Komposition, Symbolwerte

Ueber die Struktur der Komposition sagt Driessen:

> On unravelling the threads of the composition, it appears that Gogol always works with small means, which escape the eye upon rapid reading. These include the return of certain situations and the use of certain words which acquire the value of symbols. (12)

Eines solcher Worte mit Symbolgehalt ist das Wort "Schuh". Da erscheint zuerst Akakis Name Bashmackin, dann das Erwachen seiner erotischen Gefühle durch das Bild in der Kunsthandlung, das eine Frau darstellt, die einen Schuh auszieht. Die erste Frau, die er nach dem Diebstahl sieht, ist nur leicht bekleidet und hat nur einen Schuh. (13)

Die Besuche Akakis bei Petrovitsch, dem Schneider, und der hochstehenden Persönlichkeit haben gemeinsame Elemente: der Schneider greift nach einer Tabaksdose mit dem Bild eines Generals, dessen Gesicht jedoch unkenntlich ist. Dies scheint eine Prophezeiung auf den Besuch Akakis bei der hochstehenden Persönlichkeit, die ebenfalls den Rang eines Generals trägt, zu sein. Driessen sagt:

> In both cases the hero seems crushed, but in the first it is the beginning of his new life, in the second the announcement of his death. And, strangest of all, through the symbol of the general without a face, the first passage forms a prelude to the second. There is no longer a place in St. Petersburg for a living Akaki Akakjewitsch. (14)

Driessen gelangt zu dieser Einsicht, da die hochstehende Persönlichkeit Wichtigkeit erlangte durch den Rang eines Generals. Dadurch hat er ein Gesicht bekommen. Es existiert jedoch kein Platz für ein lebendiges menschliches Wesen in seiner Nähe (15) Eine weitere Erklärung wäre die Bedeutungslosigkeit des menschlichen Wesens unter der Uniform in der Petersburger Gesellschaft. Ein drittes Mal erscheint eine Tabaksdose in Teil II, wodurch dem Gespenst indirekt zur Freiheit vom in Frage gestellten Gesetz verholfen wird. Beide, Akaki sowohl als auch der General, trinken zwei Gläser Champagner vor dem Diebstahl der Mäntel. Ferner muss die Behandlung von Insekten als symbolhaltig angesehen werden: zweimal wird Akaki mit einem Insekt verglichen; das erste Mal, im Teil, der sich mit Akaki und dem Beamtenstand befasst, heisst es:

> Sie achteten seiner ebensowenig, als wäre eine Fliege durchs Empfangszimmer geflogen. (16)

Wie sehr dieses Zitat die Nichtigkeit Akakis ausdrückt, beweist, dass die Fliege im bildspendenden Teil der Metapher nicht einmal durch das gleiche Zimmer fliegt, in dem die Titularräte sitzen, sondern durch das Empfangszimmer. Nach Akakis Tode wird der gleiche Gedanke noch einmal durch einen ähnlichen Symbolgehalt ausgedrückt.

> So verschwand ein menschliches Wesen, das weder Beschützer noch Freunde gehabt, das niemand eine wirkliche herzliche Teilnahme eingeflösst, das nicht einmal die Neugier der Naturforscher erregt hatte, die doch so eifrig bemüht sind, ein seltenes Insekt auf die Nadel zu spiessen, um es mikroskopisch zu untersuchen. (S. 40)

Diese Zitate beziehen sich auf die Person Akakis selbst, um dessen menschenunwürdige Existenz zu charakterisieren. Im letzten Zitat fällt das Wort "seltenes" ins Auge. Es handelt sich dabei jedoch immer noch um ein Insekt. Um nun aber auch die Nichtigkeit eines Insektes als solchen noch deutlicher darzustellen und keinen Zweifel über dessen Niedrigkeit in der Einstufung der Lebewesen beim Leser zu hinterlassen, heisst es in einem weiteren Zitat:

> Zu Hause angelangt, setzte er sich sofort zu Tisch, verzehrte in aller Eile eine Kohlsuppe und ass dann, ohne irgendwie auf den Geschmack zu achten, ein Stück Rindfleisch mit Knoblauch; er verzehrte es nebst den Fliegen und all den Dingen, womit Gott und der Zufall es bestreut hatten. (S. 10)

Hierbei ist zu bemerken, dass "Gott" und "Zufall" auf eine Ebene gestellt sind.

Das Hauptsymbol ist jedoch der Mantel. Die Behandlung dieses Motivs wird hiernach noch ausführlich besprochen. Driessen sagt zur Bedeutung des Mantels:

> As regards meaning, 'The Overcoat' is the story of an unhappy love, through which the hero discovers himself and comes to life. He is a borderlinecase of what is human, the departmental world around him is mechanical and dead. The ending is the revenge of the living on the dead. (17)

Da wir mit einer Uebersetzung aus der russischen Sprache arbeiten müssen, fällt die Analyse der sprachlichen Elemente notwendigerweise fort.

c. Die Zeit

In der Einleitung in der Erzählung gibt Gogol keinerlei Anhaltspunkte, die auf eine genaue Zeitangabe der Handlungsabwicklung schliessen liessen, an. Die allgemeine Einleitung nimmt anderthalb Seiten in Anspruch. Auf weiteren anderthalb Erzählseiten geht Gogol zurück zur Namensgebung von Akaki. Darauf geht er wieder zur

Thematik der ersten eineinhalb Seiten zurück, bleibt aber bewusst unbestimmt:

> Zu welcher Zeit Akaki Akajewitsch in die Kanzlei eintrat, und wer ihm zu seiner Stelle verhalf, dessen vermag sich kein Mensch mehr zu entsinnen. (S. 6)

Hier benutzt Gogol die unbestimmte Zeitrechnung auch noch, um die Unbedeutenheit von Akaki zu unterstreichen. Ein Satz beschreibt eine am Menschlichen gemessene unbestimmte Zeitspanne:

> Wie viele Vorgesetzte aller Art sich auch ablösten, alle sahen ihn auf ein und demselben Platze, in derselben Haltung, mit derselben Arbeit beschäftigt, mit demselben Titel, so dass man glauben musste, er sei ganz so, wie er war, mit den enthaarten Schläfen und seiner Beamtenuniform zur Welt gekommen. (S. 6)

In der Abwicklung d i e s e s Menschenlebens liegt eine bewusste Zeitlosigkeit und Monotonie, die durch die vielen Wiederholungen von "derselben" und "demselben" noch unterstrichen wird.

Auf sechs weiteren Erzählseiten beschreibt Gogol das monotone Leben in der Kanzlei und der Kanzleibeamten.

> So floss das friedliche Dasein eines Menschen dahin, der bei seinen vierhundert Rubeln Gehalt mit seinem Geschick vollkommen zufrieden war. (S. 11)

Der Bezug auf die Zeit ist hier wieder am menschlichen Leben gemessen. Drei weitere Seiten verwendet Gogol zur Vorbereitung für den Besuch beim Schneider Petrovitsch, was die Erkenntnis einbezieht, dass Akaki etwas mit seinem alten Mantel tun muss, um nicht zu erfrieren. Vier Seiten beschreiben den ersten Besuch beim Schneider. Zwischen dem ersten und dem zweiten Besuch bei Petrovitsch kann nicht mehr als eine Woche liegen:

> Durch diese Betrachtung ermutigt, wartete Akaki geduldig bis zum Sonntag. (S. 19)

Gogol verwendet auf diese Wartezeit von nicht mehr als einer Woche eine Seite. Der zweite und entscheidende Besuch bei Petrovitsch nimmt anderthalb Seiten ein.

Nun beginnt eine neue Zeiteinteilung, die durch die Finanzierung des Mantels bestimmt wird: Wir wissen, dass Akaki 400 Rubel im Jahr verdient (S. 11). Durch ein eigenes Sparsystem hatte er sich jedesmal, wenn er einen Rubel erhielt, eine Kopeke gespart; am Ende eines halben Jahres wechselte er sich diese Kupferstücke gegen Silbergeld ein, und auf diese Weise hatte er sich 40 Rubel, also die Hälfte der erforderlichen Summe, gespart. (S. 21) 400 Rubel Einkommen im

Jahr betragen 33.33 Rubel im Monat. Wenn Akaki sich eine Kopeke (Kupferstück - 100 Kopeken sind in einem Rubel enthalten) von jedem Rubel sparte, so sparte er sich 33 Kopeken im Monat, was wiederum auf vier Rubel im Jahr hinauskommt. Somit wissen wir, dass Akaki zehn Jahre gebraucht hatte, um die 40 Rubel zu sparen. Indem er Sparsamkeitsopfer bringen würde, rechnete sich Akaki aus, dass er innerhalb eines weiteren Jahres die restlichen 40 Rubel sparen könne. Nach eineinhalb Seiten, die Akakis Sparsamkeitsmassnahmen beschreiben, bekommt er eine Gratifikation und ist dadurch um 25 Rubel reicher, was seine Hungermonate auf nur noch zwei weitere begrenzt. Diese, hier von Gogol nur angedeuteten, und dem Leser und dessen Wissensdurst überlassenen phantastischen Zeit- und Sparverhältnisse und der geschlossene Kreis der Zahlenverhältnisse von 33.33 und 400 sind eine Parallele zu Akakis Abgeschlossenheit von seiner Umgebung.

> Seit länger als einem halben Jahr hatten sie unaufhörlich darüber nachgedacht und debattiert, und allmonatlich waren sie in den Läden umhergegangen,... (S. 23)

In einem Abschnitt beschreibt Gogol den Kauf des Tuches und des Zubehörs für den Mantel. Dieser für Akaki wichtigste Augenblick wird also wenn auch mit der grössten realistischen Schilderungsfähigkeit, von Gogol mit erstaunlicher Kürze behandelt, wenn man sich die lange Zeit des Sparens dieses Momentes vor Augen führt. Die Anfertigung nahm "volle vierzehn Tage" in Anspruch (S. 23) Also vierzehn Tage sind auf einen Satz reduziert. Für Einkauf, Anfertigung und Lieferung verwendete Gogol eine halbe Seite. Der "Tag des Mantels" wird von Gogol auf sechseinhalb Seiten beschrieben. Akaki besass den Mantel nur vom Morgen bis zum späten Abend. Den darauf folgenden Tag verwandte Akaki dazu, seinen Mantel auf legalem Wege, durch die Polizei etc., zurückzuerlangen. Erzählzeit: eine Seite. Am folgenden Tage erhält Akaki den Rat, zur hohen Persönlichkeit zu gehen. Fünf Seiten befassen sich mit dem General und Akakis Besuch bei demselben. "Am folgenden Tage hatte Akaki ein heftiges Fieber." (S. 38). Akaki hauchte sein Leben aus. Kurze Krankheit und Tod: eine Seite. Beerdigung und Reaktion auf seinen Tod: eine weitere Seite.

Der zweite Teil, der sechs Seiten umfasst, und sich mit dem phantastischen Teil befasst, ist ebenfalls ohne genaue Zeitangabe. Alle Zeitangaben sind allgemein gehalten oder beziehen sich auf die verschiedenen Zeiten des Tages, wie "eines Tages" (S. 40), "eines Abends" (S. 41), "Von diesem Tage an" (S. 45).

Wenn man Gogols Erzählhaltung daran messen will, welchen Wichtigkeitsgrad er durch Länge oder Kürze der Schilderung auf die verschiedenen Ereignisse verwandte, dann hätten wir folgende Aufteilung der Erzählzeit:

1. Tag des Mantels   6 1/2 Erzählseiten
2. Das Leben in der Kanzlei   6   Erzählseiten
3. Der phantastische Teil   6   Erzählseiten
4. Die hohe Persönlichkeit   5   Erzählseiten
5. Erster Besuch bei Petrovitsch   4   Erzählseiten
6. Vorbereitung zum Besuch von Petrovitsch   3   Erzählseiten

7. Zweiter Besuch bei Petrovitsch	1 1/2	Erzählseiten
8. Einleitung	1 1/2	Erzählseiten
9. Namensgebung	1 1/2	Erzählseiten
10. Akakis Sparsamkeitsmassnahmen	1 1/2	Erzählseiten
11. Wartezeit zwischen den Besuchen bei Petrovitsch	1	Erzählseite
12. Tag nach dem Diebstahl	1	Erzählseite
13. Einkauf für den Mantel	1	Abschnitt
14. Die Dienstzeit Akakis	3	Zeilen
15. Anfertigung des Mantels in 14 Tagen	1	Satz
16. Planen mit Petrovitsch (6 Monate)	1	Satz

Wir haben hier lange Zeitabschnitte, die auf kürzeste Erzählzeit kondensiert sind, neben kurzen Episoden, für die Gogol lange Erzählzeiten verwendet. Bei 14. und 15. handelt es sich um ein bewusstes Stilprinzip, das menschliche Leben und dessen wichtige Geschehnisse in eine sehr pessimistische Perspektive zu stellen. Bei 1., 2., 3. und 4. haben wir den Kommentar des Autors: Gogols Erzählfreude, seine Kritik an der Gesellschaftsstruktur, die sich in den Beispielen 2., 3. und 4. ausdrückt und in gleichmässigen Abständen in die Thematik eingebaut ist.

III. ZUFALL

Wie bei Keller, so spielt auch bei Gogol der Zufall eine besondere Rolle. Aber anders als dort trägt er nicht dazu bei, einen märchenhaften Gehalt zu gestalten oder zu unterstützen, sondern er dient als bewusstes Stilmittel dazu, die menschenunwürdige Existenz Akakis herauszubringen; gleichzeitig wird das Mitleid des Lesers durch diese oft mit grimmigem Humor dargestellten Episoden erweckt. Der Zufall bei Gogol stellt Akaki fast ausschliesslich in ein lächerliches Licht, nur fällt es schwer, über die jeweilige Situation zu lachen:

> Und immer heftete sich irgendein Gegenstand an seine Kleidung; bald ein Stückchen Faden, bald das herumflatternde Fragment eines Strohhalms. Zudem hatte er eine eigentümliche Vorliebe dafür, just in dem Augenblick, da irgendein nicht ganz sauberer Gegenstand auf die Strasse geworfen wurde unter den betreffenden Fenstern vorüberzugehen, und darum trug er stets auf seinem Haupte Melonenschalen und ähnliche Abfälle. Niemals in seinem Leben hatte er dem Beachtung geschenkt, was sich täglich auf der Strasse regt und bewegt. (S. 9)

In dieser tragikomischen Situation schildert Gogol Akakis Lebensfremdheit, die über die menschliche Entfremdung hinaus auch auf das Zeitelement übergreift, was durch den Zufall dargestellt wird.

Die gleiche Apathie dem Leben gegenüber schildert das folgende Zitat, wobei der Zufall von einer Situation, die Akaki äusserlich lächerlich erscheinen lässt, nun Akaki auch zum menschenunwürdigen Verhalten verhilft und im krassen Gegensatz zu Strapinskis "belebter Einfuhr"-Situation in der "Waage" steht:

> Zu Hause angelangt, setzte er sich sofort zu Tisch, verzehrte in aller Eile seine Kohlsuppe und ass dann, ohne irgendwie auf den Geschmack zu achten, ein Stück Rindfleisch mit Knoblauch; er verzehrte es nebst den Fliegen und all den Dingen, womit Gott und der Zufall es bestreut hatten. (S. 10)

Die Umstände, die die Anschaffung eines neuen Mantels notwendig machten, nannte Gogol "einen jener unglücklichen Zwischenfälle". (S. 11)

Nach dem ersten Besuch bei Petrovitsch wird Akaki wiederum das Opfer des Zufalls:

> Ein Schornsteinfeger schwärzte ihm im Vorübergehen den Rücken. Aus einem Hause, an dem gebaut wurde, schüttete ihm ein Korb eine Ladung Gipsbrei auf den Kopf. Aber er sah und hörte nichts. (S. 19)

Diese Situation ähnelt dem ersten Zitat, unterscheidet sich im zweiten Satz jedoch vom ersten Zitat durch die Personifizierung des Korbes.

Der Direktor gab ihm eine Gratifikation nicht von vierzig, auch nicht von fünfzig, sondern von fünfundsechzig Rubeln. Dieser würdige Beamte hatte gemerkt, dass unser Freund Akaki eines Mantels bedurfte - oder hatte er diese Ausnahme nur einem glücklichen Zufall zu danken? (S. 22)

Die menschliche Verfremdung wird hier genau so konsequent durchgeführt wie bei den anderen Zitaten. Wie wir sehen, unterstreicht die Möglichkeit des Zufalls, wie sie von Gogol angewendet wird, nur noch die Isoliertheit Akakis von seiner menschlichen Umgebung. Der Zufall spielt jedoch nur eine Rolle im ersten Teil der Erzählung, wo Akaki als Mensch eine Schattenexistenz führt. Im zweiten Teil, wo er als "Gespenst" sehr lebensnah ist, gibt es keinen Zufall.

IV. NATUR

Gogol sieht fast ausschliesslich von Naturbeschreibungen, oder naturbezüglichen Aussagen ab. Seine Beschreibungen sind auf Handlung konzentriert und entbehren der Kulisseneffekte, wie sie die Natur bei Keller zuweilen bei den Beschreibungen Strapinskis bot. Wenn es bei Gogol heisst:

> Wenn der graue Petersburger Himmel in den Schleier der Nacht gehüllt ist, ... (S. 10)

handelt es sich hier um eine der Thematik angepassten Farbenmalerei. Sie hat mehr Symbolwert, ist als Stilmittel selbst auch eine Metapher. Ein weiterer Naturbezug liest:

> Wenn - was ein ganz unerwarteter Glücksfall wäre - der Direktor die übliche Gratifikation selbst von vierzig auf fünfzig Rubel erhöhte, was war ein so winziger Betrag gegenüber der ungeheuren Summe, die Petrovitsch forderte. Ein Tropfen Wasser ins Meer. (S. 20)

Auch diese Anspielung auf die Natur ist metaphorisch, und im übertragenen Sinn drückt die Metapher nur die, durch unzulängliche Mittel für die Anschaffung eines warmen Mantels ausgelösten, Sorgen aus. Die nächste Bezugnahme auf die Natur gehört ebenfalls in die Kategorie der Metapher:

> Der trübselige Platz sah ihm aus wie ein wilder Ozean. (S. 30)

und kennzeichnet den unheilahnenden Gemütszustand von Akaki kurz vor dem Diebstahl des Mantels, ist also als prophetisch anzusehen. Wie wir sehen, ist die Natur, als Representantin des Lebens in der toten Gesellschaft von Petersburg nicht vorhanden, besitzt aber, im übertragenen Sinne, eine einmalig dastehende Weisheit.

V. DAS MANTELMOTIV

A. Teil I

vor: Gogol stellt dem Leser Akaki in seiner Funktion als Beamter wie folgt

> Wie viele Vorgesetzten aller Art sich auch ablösten, alle sahen ihn auf ein und demselben Platze, in derselben Haltung, mit derselben Arbeit beschäftigt, mit demselben Titel, so dass man glauben musste, er sei ganz so, wie er war, mit den enthaarten Schläfen und seiner Beamtenuniform zur Welt gekommen. (S. 6)

Diese Beschreibung ist statisch, einmal durch die Wiederholungen der Adjektiva "demselben", "derselben" und die Implikation, die in "Beamtenuniform" liegt. Akaki ist ein Teil eines statischen Kollektivs, er "arbeitete mit Liebe, mit Leidenschaft" (S. 8). Diese Emotionen galten dem Abschreiben:

> Ausser seinen Kopien schien es für ihn nichts auf der Welt zu geben. (S. 9)

Diese Leidenschaft zur Arbeit stellte ihn ausserhalb des Kollektivs, in dem er lebte, einmal weil er seine Arbeit freudig versah, und darüberhinaus, weil er zur Liebe fähig war, eine Emotion, die es in einer toten Umgebung nicht geben kann. Akaki lebt ausserhalb der menschlichen Gesellschaft eine, in deren Augen, menschenunwürdige Existenz, die jedoch gerade durch seine Menschlichkeit und sein Potential zur Leidenschaft bedingt ist. So hat er sich am Abend "satt geschrieben" (S. 11) und er dachte im Bett

> ...an die Freuden des folgenden Tages, an die schönen Kopien, die der liebe Gott ihm morgen anvertrauen würde. (S. 11)

Hier haben wir eine Umkehrung: während in einer physischen Liebe die "Freuden der Nacht" als erwünschenswert erscheinen, träumt Akaki von "den Freuden des Tages". Seine Arbeit war seine Liebe, seine Nahrung und seine Religion. Dann ändert sich seine Situation:

> Seit einiger Zeit empfand Akaki im Rücken und an den Schultern sehr scharfe Stiche, obgleich er den Weg von seiner Wohnung bis zu seinem Büro mit aller Macht laufend zurücklegte. Nachdem er die Sache wohl überlegte, gelangte er endlich zu dem Resultat, dass sein Mantel an einer gewissen Unvollkommenheit leiden müsse. (S. 12)

Der ersten Erwähnung des Mantels gehen körperliche Schmerzen voraus, dann erfahren wir weiter von dem fadenscheinigen Zustand des Mantels,

> ...der an zwei drei Stellen sich so sehr verdünnt hatte, dass er geradezu durchsichtig geworden und das Futter zerrissen war. (S. 12)

Von den Kollegen Akakis wurde der Mantel seines "edlen Namens Mantel" beraubt und "Kapuze" genannt (S. 12). Akaki jedoch preist Petrovitsch den Mantel als "noch ganz gut", "nur ein wenig staubig" (S. 16) an.

> ... noch ganz neu ... nur da so ein wenig abgeschliessen ... da im Rücken und dann hier an der Schulter ... zwei, drei ganz kleine Risse. (S. 16)

Akaki tut das, lange bevor ihm der Schneider den Gedanken an einen neuen Mantel eingibt. Wir sehen hier nicht nur Akakis Sparsamkeit, sondern auch seine Menschlichkeit, die sich nicht so leicht von vertrauten Dingen trennen kann.

Vom Autor wird der Mantel personifiziert und bekommt ein Gefühlsleben:

> Petrovitsch nahm den unglücklichen Mantel... (S. 16)

Petrovitsch selbst nennt ihn "Ein ganz miserabler Lappen" (S. 16). Durch die sorgfältige Beleuchtung des alten Mantels von Seiten der Kollegen Akakis, des Autoren und Petrovitsch ist im Leser nun die Erwartung einer Wandlung in der Handlung ausgelöst. Die Wandlung bedeutet die Anschaffung eines neuen Mantels, mit allen sich daraus ergebenen Komplikationen, einmal emotionell und dann durch die finanzielle Begrenzung Akakis. So wie der Leser von Gogol von der Unzulänglichkeit des alten Mantels überzeugt wurde, sieht er jetzt die Notwendigkeit der Anschaffung eines neuen Mantels. Dies geschieht durch Wiederholungen Petrovitsch:

> "Sie müssen sich unbedingt einen neuen Mantel anschaffen" (S. 17)
> "Einen neuen Mantel?"
> Akaki Akakjewitsch wurde es schwarz vor den Augen. (S. 17)

Die Unfassbarkeit einer solchen Möglichkeit drückt Gogol durch das Fragezeichen aus.

> "Einen neuen Mantel", murmelte er wie halb bewusstlos. "Aber ich habe ja kein Geld." (S. 17)

Bei dieser Wiederholung ist das Fragezeichen weggefallen, und die Tatsache, dass Akaki kein Geld hat, ist nun nur eine äusserliche Komplikation. Obwohl Akakis Liebe der Schreiberei galt, besass sein Mantel die selbstverständliche Vertrautheit eines guten Freundes.

55

"Jahwohl, einen neuen Mantel" (S. 17)

Hier wird der Gedanke der Anschaffung autoritativ von Petrovitsch bekräftigt. Diese Wiederholungen können als ein Stilprinzip angesehen werden, um einen Punkt, der Gogol besonders wichtig erscheint, deutlich herauszuarbeiten. Gogol benutzte das gleiche Stilprinzip bei der Schilderung des statischen Beamtenstandes und Akakis Position in demselben.

Bei einem zweiten Besuch bei Petrovitsch, macht Akaki noch einmal einen Versuch, den Schneider zum Ausbessern des alten Mantels zu überreden.

"Nein, daraus wird nichts! Sie müssen sich unbedingt einen neuen Mantel kaufen." (S. 20)

Diese fünfte Wiederholung kommt vom Schneider und ähnlich wie bei Strapinski wird Akaki der Mantel aufgezwungen. Der Kaufpreis des Mantels wird von Petrovitsch auf 80 Rubel hintergesetzt.

Im Gegensatz zu Strapinski, dessen Leben sich durch den ihm aufgezwungenen Status, verursacht durch den Besitz des Mantels, dessen Erwerbung ihn keinerlei Opfer gekostet hatte, zu einer märchenhaften Folge von Ereignissen verwandelt, beginnt Akaki eine Zeit der Sparsamkeit, die an Masochismus grenzt. Ausser einem erprobten Sparsystem, arbeitet er abends im Zimmer der Wirtin,

...um in seinem eigenen die Feuerung zu sparen. Auch nahm er sich vor, auf der Strasse das spitzige Pflaster zu meiden, um so seine Fussbekleidung zu schonen, und dann auch noch die Ausgaben für Wäsche herabzusetzen. (S. 21)

Ferner verzichtet er des abends auf seinen Tee. Sein Geisteszustand ist nun nur auf den Erwerb des Mantels ausgerichtet. Akaki will nicht nur den Mantel besitzen, er wird selbst von dem Gedanken des Besitzes des Mantels besessen, und zwar derartig, dass der Gedanke an den neuen Mantel nun seine Liebe und Leidenschaft zum Schreiben verdrängt:

...schliesslich begab er sich ganz ohne Abendessen zu Bett. Während sein Körper unter dieser Abtätung litt, sog sein Geist aus dem stetigen Gedanken an seinen Mantel um so reichere Nahrung. Seit dieser Zeit schien es als ob seine Natur sich vervollständigt, als ob er geheiratet hätte, als besässe er eine Genossin, die ihn auf seinem Lebenswege begleitete - und diese Genossin war das Bild seines Mantels, ... (S. 21f)

Wir sehen hier deutlich, wie der Mantel die erste Liebe Akakis, das Abschreiben, verdrängt. Wieder ersetzt ihm die Liebe die Nahrung.

Durch solche und ähnliche Gedanken wurde er manchmal eigentümlich zerstreut. Als er eines Tages Akten kopierte, bemerkte er mit einemmal, dass er einen Fehler gemacht hatte. (S. 22)

Durch die opferreiche Erwerbung des Mantels, einer äusseren Hülle, beginnt eine weitere Vermenschlichung in Akaki vorzugehen, die ihn, im eigentlichen Sinne, der Mechanisierung seines bisherigen Lebens entkleidet. Von der Prädisposition zur menschlichen Verinnerlichung (Liebe zum Abschreiben) tritt er nun in eine neue Phase, die einer noch tieferen Verinnerlichung, ein, die ihn bis zur Transzendenz führt. Parallel zu dieser Verinnerlichung geht nun auch bereits der Vorgang, der Voraussetzung zur Transzendenz ist, nämlich die Aufgabe der menschlichen Existenz. Hierzu sagt Nabokov:

> From the beginning of the story he is training for his supernaturally high jumps - and such marmless looking details as his tiptoeing in the streets to spare his shoes or his not quite knowing whether he is in the middle of the street or in the middle of the sentence, these details gradually dissolve the clerk Akaky Akakyevich so that towards the end of the story his ghost seems to be the most tangible, the most real part of his being. (18)

Der Einkauf der Materialien für den Mantel wird von Gogol mit realistischer Detailfreude dargestellt:

> Ohne Zaudern kauften sie ein sehr gutes Stück Tuch. Seit länger als einem halben Jahr hatten sie unaufhörlich darüber nachgedacht und debattiert, und allmonatlich waren sie in den Läden umhergegangen, um sich nach dem Preise zu erkundigen. Petrovitsch klopfte auf den Stoff und erklärte, ein besserer sei gar nicht zu finden. Zum Futter nahmen sie festen und dicht gewebten Leinwandstoff, der nach der Behauptung des Schneiders besser war als Seide; und dann glänzte er so hell! Marderpelz kauften sie nicht, weil er zu teuer war; sie entschieden sich für den besten Katzenbalg, der im Laden war, einen Pelz, den man ganz gut für Marder halten konnte. (S. 23)

Diese Detailbeschreibungen sind sehr typisch für Gogols eigenen Realismus.

> Endlich kam er, der so heissersehnte Mantel... (S. 23)

Wieder ist der Mantel das Ziel menschlicher Erfüllung. Akaki, dessen Existenz bisher von seiner Umwelt unbeachtet blieb, wird der Mantel ins Haus geliefert. Wie bei Keller erkennen wir hier die bewusste Trennung von Mensch und Mantel. Auch hier ist es die Hülle, der die Ehre zukommt, vereinen sich Mensch und Umhüllung, sieht die Umgebung nur den unmissverständlichen äusseren Glanz. Das glänzende, Seide ersetzende Leinwandgewebe als Futterstoff und der Katzenbalg strahlen hier bei Gogol in diesem Moment den falschen Glanz aber auch nach innen, sowie nach aussen aus. Jedoch in beiden Fällen (bei Keller sowie bei Gogol) liegt es den Helden nicht daran, bewusst einen Schein zu schaffen, sondern beide sind von der Schönheit des Mantels und dessen Besitz fasziniert, was bei Gogol durch den falschen Glanz des Futters dargestellt wird, eine Tatsache, die uns Akaki nur noch bemitleidenswerter erscheinen lässt.

Akaki und Petrovitsch sind für die kurze Dauer ihres Kontaktes miteinander, um des Mantel willens, in der Verehrung des Mantels vereint. In diesem Sinne ist Petrovitsch der einzige, wirklich menschliche Kontakt für Akaki, auch wenn er über ein Ding wie einen Mantel geht und kein direkter Kontakt ist. Die Uebergabe des Mantels wird von Gogol fast wie eine Krönung geschildert:

> Hierauf nahm er (Petrovitsch) stolz den Mantel zwischen beide Hände und legte ihn Akaki Akakjewitsch auf die Schultern. (S. 24)

Der Mantel wurde ihm nicht lose umgehängt (wie Strapinski seinen Mantel oft trug), (19) sondern man hat das Gefühl, dass Petrovitsch Akaki mit dem Mantel eine Bürde auferlegt. Akaki gab sich dann auch nicht zufrieden:

> Akaki jedoch wünschte die Aermel zu probieren, und diese Aermel sassen wundervoll. (S. 24)

Hierin sehen wir nun einen wesentlichen Unterschied zwischen beiden Helden: Strapinski ist ein Träumer von Natur. Sein Mangel an Tiefe und Ernsthaftigkeit wird von Keller stets mit Humor verziehen. Sein Gefallen an den Bequemlichkeiten des Lebens, wie: "hastige Einfuhr", das Gläser-"Wäldchen", das polnische Lied, dessen Inhalt er sich nie die Mühe nahm zu erlernen, über all diese menschlichen Schwächen lächelt Keller. Wenzel Strapinski bleibt dann auch auf dieser Welt: sein "Glück" liegt in der Behaglichkeit, von Keller vorsichtig auf den Realismus gebaut. Akaki jedoch ist ein anderer Mensch: er lebt von Detail, das Detail ist ihm eine Lebensnotwendigkeit. Daher wünschte er die Aermel zu probieren. Als der Mantel vor vielen Jahrhunderten seine Laufbahn begann, war er nicht mehr als ein loser Umhang (römische Toga). Zwischen einem derartigen losen Umhang und einem Mantel mit eingesetzten Aermeln liegen Generationen von gesellschaftlichen Veränderungen und zunehmenden Vorurteilen, und im Falle Akakis ist das Probieren der Aermel ein symbolischer Akt der Disziplin. Akaki ist, neben der Tatsache, dass er im kalten Petersburg lebt und jeden Zoll Tuch von seinem Mantel zur Erwärmung benötigt, - ein weiterer realistischer Aspekt, - aber auch ein fanatischer Pendant, wenn es sich um das Abschreiben oder seinen Mantel dreht.

Mit dem neuen Mantel angetan, begibt sich Akaki in sein Büro "... und lächelte mit süsser Genugtuung in sich hinein." (S. 25). Akaki ist ein verinnerlichter Mensch. Er lächelt nicht vor sich hin, er lächelt "in sich hinein". Er liebt seinen Mantel, und er weiss, "dass er schön war" (S. 25). Ein weiterer Beweis des Liebesmotivs: in der Kanzlei "legte er seinen Schatz im Vorzimmer ab" (S. 25). Bei dieser Liebe kommen zugleich Zweck und Aesthetik zusammen. Nach dem Besitz des Mantels geht es Akaki ähnlich wie Wenzel Strapinski: er erregt Aufsehen und Bewunderung. Er wird von seinem Vorgesetzten eingeladen; aber auch seine Angewohnheiten ändern sich:

> Fröhlich nahm er sein Mittagessen zu sich, und nach beendeter Mahlzeit setzte er sich nicht hin, um Kopien anzufertigen - nein, er setzte sich wie ein Sybarit auf das Sofa und erwartete den Abend. Dann machte er Toilette, nahm seinen Mantel und ging aus. (S. 26)

Akaki benimmt sich nun anders, wenn er den Mantel nicht tägt, er huldigt
dem Mantel und weiss, was er ihm schuldig ist. Beim Vorgesetzten ereignete sich
für Akaki folgendes:

> ...seine Kollegen begrüssten ihn mit lautem Zurufen und eilten in das
> Vorzimmer, um seinem Mantel zu huldigen. Den wackeren Titularrat
> brachte dieser Auftritt ganz aus der Fassung. Doch freute er sich in
> seiner Herzenseinfalt über die Lobsprüche, die seinem kostbaren
> Kleidungsstück gespendet wurden. Bald darauf gaben seine Kollegen
> ihm seine Freiheit wieder und setzten ihre Whistpartien fort. (S. 28)

Wie Strapinskis Radmantel wird hier dem Mantel "gehuldigt". Strapinski
jedoch erschien den Bürgern von Goldach in seiner Aufmachung und wurde, aus
diesem Grunde, von ihnen für einen Grafen gehalten. Akaki war seinen Kollegen
jedoch bekannt, sein Titel, sein Erwerb und seine Gewohnheiten, sich seiner Arbeit hinzugeben. Gogol nennt es "Herzenseinfalt" (für mangelnde Menschenkenntnis), mit der Akaki sich über die Lobsprüche, die seinem Mantel gelten, freute.
Hier wieder bewusst die Trennung zwischen Mensch und Besitz. Akaki, in seiner
Isolierung und Bescheidenheit verlangt für seine Persönlichkeit keine Beachtung,
der Mantel ist das kontaktspendende Objekt, über das er, ähnlich, wie mit Petrovitsch, doch nicht mit derselben Intensität, vorübergehend Kontakt bekommt. Er
ist jedoch kontaktscheu und bleibt ein Aussenseiter, und erst als die Kollegen sich
wieder ihrem Spiel zuwenden, ist Akaki wieder vom menschlichen Kontakt "befreit".
Wir können in diesem Wort auch schon die willkürliche Auflösung des BeamtenMenschen Akakis zur transzendenten Existenz des zweiten Teils erkennen.

Des menschlichen Kontakts ungewohnt und durch diesen von seiner Lebensroutine abgewichen, macht sich Akaki auf den Heimweg. Er geht ins Vorzimmer,
"wo er mit Schmerz seinen Mantel am Boden liegen sah" (S. 29). So wie die Episode, die zum Erwerb des Mantels führte, durch die Beschreibung körperlicher
Schmerzen eingeleitet wurde, wobei es sich um äusserliche körperliche Schmerzen
handelte, wird der Abschnitt des Verlusts des Mantels wieder durch eine Schmerzbeschreibung eingeleitet. Diesmal jedoch handelt es sich um einen innerlichen
Schmerz und parallel zur Befreiung des äusseren Menschen geht hier die Verinnerlichung. Akaki, der sich bisher im Milieu des niedrigen Beamtenstandes bewegt
hatte, sieht sich nun einer anderen Gruppe von Menschen gegenüber, die sich auf
ihre Art genau so gleichen wie die Beamten:

> ...sah er plötzlich mehrere Männer mit langen Schnurrbärten vor
> sich, deren Gesichter er nicht zu unterscheiden vermochte. (S. 30)

Dieses Diebeskollektiv mit den langen Schnurrbärten und nicht zu unterscheidenden Gesichtern ist absurd und spendet die komische Hälfte der tragikkomischen Situation im Moment des Diebstahls. Nabokov sieht diese Welt von Gogol wie folgt:

> Something is very wrong and all men are mild lunatics engaged in
> pursuits that seem to them very important while an absurdly logical
> force keeps them at their futile jobs - this is the real 'message' of
> the story. In this world of utter futility, of futile humility and futile
> dominition, the highest degree that passion, desire, creative urge
> can attain is a new cloak which both, tailors and customers adore at
> their knees. (20)

Akaki wird seines Mantels beraubt:

> Seines Kleidungsstückes beraubt und ganz durchfroren, begann er
> aus aller Macht zu schreien. (S. 30)

und

> Seine Kleider waren mit Schnee bedeckt. (S. 31)

Akaki ist jetzt seines Liebesobjektes beraubt, er ist schutzlos der Kälte seiner Umgebung ausgesetzt, in der er sich nicht behaupten kann. Die Auflösung des Menschen Akaki geht also weiter voran, und die Verinnerlichung, durch den Schmerz des geliebten Objektes hervorgerufen, läuft parallel zu diesem Geschehen. Die erfolglose Suche nach dem Mantel auf legalem Wege und die ebenfalls erfolglose Vorstellung beim General, der sehr hohen Persönlichkeit, endet damit, dass Akaki "fast bewusstlos" (S. 37) fortgeschleppt wird. Hinterher, auf der Strasse, fühlt er sich "mehr tot als lebendig" (S. 38). So nimmt die Aufgabe seiner leiblichen Existenz seinen Lauf:

> Der Wind, der von allen Seiten und aus allen Gässchen herausblies,
> entzündete ihm die Kehle. (S. 38)

und

> Dank dem Petersburger Klima entwickelte sich seine Krankheit mit
> furchtbarer Schnelligkeit. (S. 38)

Akaki stirbt am gebrochenen Herzen, und sein leiblicher Tod ist ein Akt der Gnade. Während seiner Krankheit "phantasierte (er) beständig" (S. 39), und seine Fieberphantasien drehten sich "beständig" um seinen Mantel (Vgl. S. 39), also seine verlorene Liebe.

> Endlich hauchte Akaki seinen letzten Seufzer aus. (S. 39)

Akakis Tod bedeutet kein Ereignis für Petersburg:

> Akaki wurde in ein Leichentuch gehüllt und auf dem Friedhofe beigesetzt. Die grosse Stadt Petersburg lebte ganz in der alten Weise
> weiter, als hätte er niemals existiert. (S. 39)

Gogol nennt Akaki nach seinem Tod zuerst "ein menschliches Wesen", fährt dann aber fort, ihn nur als "Wesen" zu bezeichnen:

> Ohne einen Klageton hatte dieses Wesen den Hohn und Spott seiner Kollegen ertragen. Ohne dass ihm ein ausserordentliches Ereignis zugestossen war, war es seinen Weg zum Grabe gewandelt; nur gegen sein Lebensende hatte ein Mantel es in jugendliche Aufregung versetzt, dann hatte das Unglück es zu Boden geschleudert. (S. 40)

Hier haben wir einen Kommentar des Autoren. Gogol versucht Akakis Leidenschaft zu seinem Mantel überlegen ironisch abzutun mit "jugendliche Aufregung"; als Anti-These ist es dem Worte "gewandelt" gegenübergestellt, und hier "offenbart" sich Gogol, der mit pedantischer Sorgfalt der realistischen Darstellung huldigte und noch auf Seite 26 Akakis Art sich fortzubewegen wie folgt schilderte:

> ...dass sich ihm auf diese Weise Gelegenheit bot, mit seinem neuen Mantel über die Strasse zu gehen. (S. 26)

Wir können also die von Nabokov aufgestellte Theorie einer Auflösung der menschlichen Eigenschaften als von Gogol beabsichtigt ansehen.

B. Teil II

In diesem Teil, dem "phantastischen Teil", mutet die Erzählung wie ein modernes Märchen an. Während Wenzel Strapinski nach der Aufdeckung seiner falschen Identität von Keller von einer märchenhaften in eine realistische Welt versetzt wurde, haben wir hier genau das Gegenteil, einmal, dass die Erzählung über den Realismus hinausgeht durch das Auftauchen des Gespensts, und ferner, dass Akaki zum beachteten Mittelpunkt allen Geschehns wird, während Wenzel Strapinski als Bürger unter den Goldachern untertaucht.

Im ersten Teil ging Akaki seinen Weg völlig unbemerkt durch die Petersburger Boulevards, im zweiten Teil hingegen spricht ganz Petersburg von einem Ereignis:

> Eines Tages verbreitete sich in Petersburg die Nachricht, in der Nähe der Katinkabrücke erscheine allnächtlich ein Toter in einer Uniform, wie sie die Beamten der Kanzleien trügen, und dieser Tote suche einen gestohlenen Mantel und nähme ohne alle Rücksicht auf Rang und Titel allen Vorübergehenden die Mäntel ab, mit Watte, Nerz, Katzen-, Ottern-, Bären- und Biberfellen gefütterte, kurz alle, deren er handhaft werden könnte. (S. 41)

Hierin erfahren wir eine vollkommene Umkehrung zum ersten Teil: während im ersten Teil der Leser wusste, dass Akaki ein lebendes, fühlendes menschliches Wesen war, das jedoch bei niemandem Notiz oder Gefühl erwecken konnte, heisst es hier bewusst "ein Toter", er wird beschrieben, seine Kleidung ist bekannt und sein Motiv. Akaki war scheu und ungelenk, der Tote ist agressiv. Akaki war ein Pedant, unzweifelhaft war er mit jedem Zoll Tuch seines Mantels, trotz der kurzen Besitzerzeit, vertraut; der "Tote" jedoch, der so lebendig seinen Willen kundzumachen weiss, ist kein Pedant. Obwohl wir am Ende sehen, dass es ihm um einen bestimmten Mantel ging, nahm er jedoch munter jeden Mantel, den er erhaschen konnte, ohne Rücksicht auf Qualität desselben, wie er alle die Manteleigentümer bestiehlt, ohne Rücksicht auf Rang und Titel. Akaki war als Titularrat der Mittelpunkt von Spott, Ungerechtigkeit und Unrecht geworden und fiel dann noch einem Verbrechen zum Opfer; nichts jedoch konnte den Menschen Akaki ändern. Nun finden wir alle diese negativen Eigenschaften im Gespenst vereint:

> Einer der früheren Kollegen des Titularrats hatte das Gespenst gesehen und Akaki ganz deutlich erkannt. (S. 41)

Es besteht also kein Zweifel, dass es sich hier um den alten Akaki handelt. Während Akaki zu Lebzeiten bei der Polizei auf taube Ohren stiess, als er deren Hilfe zur Wiedererlangung seines Mantels in Anspruch nehmen wollte, haben wir auch hier die vollkommene Umkehrung:

> Die Polizei traf alle möglichen Massregeln, um das Gespenst tot oder lebendig in ihre Gewalt zu bekommen und ihm eine exemplarische Strafe aufzuerlegen. (S. 41)

Für die Petersburger "existiert" dieses Gespenst: man will es finden "tot oder lebendig", aber Vorsicht hier! Wieder ist Akaki der Aussenseiter, trotz seiner Veränderungen: das Gespenst wird mit der ganzen gesetzlichen Strenge behandelt, die, nach Ansicht der Petersburger Gesellschaft, einem gesetzeswidrigen Bürger zukommt und deren Schutz Akaki zu Lebzeiten versagt bleiben musste. Auch eine Tabaksdose spielt wieder eine Rolle: diesmal verhilft sie dem Gespenst zur Freiheit und erhöht noch den Schrecken vor dem Gespenst, denn nach der durch die Tabaksdose missglückten Festnahme (im ersten Teil nahm Petrovitsch eine Prise aus der Tabaksdose):

> ...hatten alle Wachsoldaten einen solchen Schrecken vor dem Toten, dass sie nicht einmal mehr die Lebenden zu arretieren wagten...
> (S. 41-42)

Diese eigene Kritik an der Kraft des Gesetzes, das nur so effektiv ist wie die Menschen, die es ausführen, haben wir im umgekehrten Sinne bei Keller, wo Strapinski, durch den guten Willen aller Beteiligten, nicht vom Gesetz verfolgt wird.

Akakis Gespenst ist weiterhin ruhelos tätig, es geht ihm um die Erlangung eines bestimmten Mantels. Dieser Mantel gehört der hochstehenden Persönlichkeit. Es geht Akaki also nicht nur um die Wiedererlangung seines eigenen Mantels, sondern um das Prinzip der Vermenschlichung, das der General am eigenen Leibe fühlen muss und zwar durch den Verlust der Hülle, die ihn vor der Vermenschlichung schützt. Wichtig ist auch noch zu bemerken, dass Akaki während all der Zeit, in der er ganz Petersburg von sich reden macht, ohne seinen Mantel ist. Jedoch eines Abends erwischt er den General:

> Plötzlich fühlt er wie eine mächtige Faust ihn kräftig am Kragen packt. Er wendet sich um und gewahrt ein kleines Männchen in einer alten Uniform und erkennt mit Entsetzen Akakis Gesicht - und dieses Gesicht war so blass und eingefallen, wie das eines Toten. (S. 44)

In diesem Zitat allein liegt ein Paradox: Die körperliche Kraft, die Gogol ihm hier zuschreibt, steht im Kontrast zu dem kleinen Männchen und auch zu Akakis Verhalten im ersten Teil. Also haben wir es wieder mit einer völligen Umkehrung der Persönlichkeit zu tun:

> "Endlich habe ich dich! ... So kann ich dich denn am Kragen packen ... ich muss deinen Mantel haben ... du hast dich nicht um mich gekümmert, da ich in Not war, ja, du glaubtest mir noch Verweise geben zu müssen ... Jetzt gib mir mal deinen Mantel her." (S. 44)

Wenn wir uns an die Sprechweise Akakis erinnern beim Besuch bei Petrovitsch, wo von ihm gesagt wurde:

> War die Angelegenheit, um die es sich handelte, schwieriger Natur, dann konnte er den begonnenen Satz niemals beenden. (S. 15)

Wieder eine Umkehrung zum Verhalten des lebenden Akakis, die hier aber zu der Vermutung Anlass gibt, dass das, was der tote Akaki jetzt zu tun im Begriff ist, für ihn eine Leichtigkeit war. Auch diese Umkehrung kann nicht willkürlich sein, denn während es dem lebenden Akaki unmöglich war, sein rechtmässiges Eigentum wiederzuerlangen, ist es dem toten Akaki nun ein Leichtes, einen unrechtmässigen Besitz zu erlangen. Das geht über den Moment hinaus als weiterer Anhaltspunkt zur Kritik an Gesetz und Gesellschaft. Der hohe Würdenträger verliert seinen Mantel und mit dieser "Entkleidung" geht nun eine Vermenschlichung in ihm vor. Mit der Erlangung des Mantels des Generals verschwindet nun auch das Gespenst, bekleidet, ist nun Akaki wieder unbemerkt und auch nicht an weiteren Diebstählen interessiert.

> Vermutlich war es nur der Mantel des Generals, den es so eifrig gesucht hat. (S. 45)

Plötzlich ist der ganze Spuk zu Ende. Gogol hat sich während der Erzählung mit unendlich vielen realistischen Schilderungen und Einzelheiten abgegeben. Der Mantel erscheint nun noch einmal im Vokabular: nach Akakis Verschwinden ging das Gerücht über ein weiteres Gespenst herum, das von einem Wachposten selbst gesehen wurde. Dieses Gespenst gleicht dem Dieb, der Akaki beschuldigt hatte, dass er s e i n e n Mantel besässe. Ist das nur eine Bestätigung von Gogols Kritik an einer toten Gesellschaft, die aus Kollektivschichten besteht und hinter deren uniformen Gebaren sich Diebstahl und Korruption verstecken, oder Gogols Versuch, gerade d i e s e leblosen Gesellschaftsmitglieder, die Opfer dieser Korruption und Diebstähle geworden sind, wieder zum Leben zu "erwecken"? Dann werden sie zu einem Kollektiv der Rechtssuchenden, die in einer vielschichtigen Umkehrung jedoch dann wieder als die Gesetzwidrigen an die Oberfläche gelangen.

Nabokovs Interpretation des zweiten Teils sieht die Situation wie folgt:

The man taken for Akaky Akakyevich's cloakless ghost is actually the man who stole the cloak. But Akaky Akakyevich's ghost existed solely on the strength of his lacking a cloak, whereas now the policeman, lapsing into the queerest paradoxy of the story mistakes for his ghost just the very person who was his antithesis, the man who had stolen the cloak. (21)

VI. ANMERKUNGEN

Der Mantel von Nikolai Gogol

1. Janko Lavrin, Gogol, (London, 1925), S. 124.
2. Vgl. Lavrin, S. 250
3. Vgl. Nikolai Gogol, Letters of Nikolai Gogol, selected and ed. Carl R. Proffer, (Ann Arbor, Michigan, 1967), S. 2.
4. ebenda S. 11.
5. ebenda S. 29.
6. ebenda S. 29.
7. Lavrin S. 29.
8. Vgl. Lavrin, S. 33-34.
9. Lavrin, S. 34.
10. Vgl. F.C. Driessen, Gogol as a Short-Story Writer, (Paris, The Hague, London, 1965), S. 198.
11. Vgl. Driessen, S. 205.
12. Driessen, S. 205.
13. Vgl. Driessen, S. 206.
14. Driessen, S. 207.
15. Vgl. Driessen, S. 207.
16. Nikolai Gogol, Der Mantel, Reclam 1716, (Stuttgart, 1969), S. 6.
17. Driessen, S. 213.
18. Vladimir Nabokov, Nikolai Gogol, (Norfolk, Connecticut, 1944), S. 146
19. Dieser Schluss wurde aus der Uebersetzung gezogen.
20. Nabokov, S. 43.
21. Nabokov, S. 148-149.

VII. ZUSAMMENFASSUNG

Elisabeth Frenzel definiert die Funktion des Motivs wie folgt: "Das Motiv stellt ein stoffliches, situationsmässiges Element dar, dessen Inhalt knapp und allgemein formuliert werden kann". (1) Im Falle dieser Arbeit steht der Mantel in seiner Motivfunktion einmal als Statussymbol (Gogol) und zum andern als Märchenrequisit (Keller) über dem ganzen Stoff der beiden Erzählungen. Bei Gogol funktioniert der Mantel vor allem als Statussymbol in der Handlung. Hieraus ergeben sich die verschiedenen Aspekte der Thematik. Für die Petersburger Gesellschaft hat der Mantel als Statussymbol soziale Funktion. Für Akaki ist der Mantel das Objekt der Liebe, die er in der leb- und lieblosen Petersburger Gesellschaft nicht finden kann. Bei Keller ist der Mantel ein Märchenrequisit, aber im erweiterten Sinne ist er auch ein Statussymbol, denn der in der Erzählung im Mittelpunkt gewordene prächtige Radmantel ist das Kleidungsstück der gehobenen Stände und kommt daher dem Schneider in seiner Position als Handwerker nicht zu, und aus diesem Missverhältnis ergeben sich die weiteren Verwicklungen der Handlung. Die daraus entstehende Gesellschaftskritik richtet sich bei Keller gegen das etwas sture, weltfremde Bürgertum der Goldacher und deren oberflächlichen Werte (Schein) und Neigung zum Selbstbetrug. Diese Gesellschaft wird jedoch gleichzeitig von Keller als harmlos und, wenn sich die Gelegenheit ergibt, zum guten Willen fähig geschildert. Eine derartige Gesellschaft kann aufgerüttelt werden. Bei Gogol ist die Gesellschaft emotional tot. Der Mantel kann in ihr nur die Bewunderung für dessen Status erwecken, also nur für den Mantel selbst. Akaki existiert für seine Umgebung nicht, auch während des kurzen Besitzes des Mantels ist er nur der Träger des Statussymbols. Strapinski dagegen wird von den Goldachern durch seine imposante Erscheinung in seinem Mantel verherrlicht. Die Petersburger Gesellschaft ist unfähig eines jeglichen Gefühls. Die Menschen sind, je nach ihrem Beamtenstand, kategorisiert und bewegen sich wie uniformierte Schatten in den Strassen und Kanzleien von Petersburg. Akaki, der einen Ueberfluss von Gefühl hat, den er in dieser leb- und lieblosen Umgebung nicht in eine emotionelle Realität umsetzen kann, macht seinen Mantel zum Objekt seiner Liebe. Beide Protagonisten lieben ihren Mantel; Strapinski, seinem Temperament gemäss, oberflächlicher und mehr aus ästhetischen Gefühlen, und aus diesem Grunde ist er fähig, seine Liebe für seinen Mantel in eine reale Liebe zu Nettchen umzuwandeln. Durch das Auftreten der menschlichen Liebe ergeben sich bei Keller weitere Komplikationen. Wäre Strapinski nur von der Liebe zu seinem Mantel besessen, hätte er mit diesem aus Goldach verschwinden können. Durch die Liebe zu Nettchen war das Gefühl, in Goldach zu bleiben, jedoch zwingender. Akaki liebt seinen Mantel über den Tod hinaus. Sein Drang zu lieben und zu besitzen ist nicht zu realisieren, wie es bei Keller möglich war. Daher kann sich Akaki nicht an seine Umgebung anpassen, die ihm emotionell nichts zu offerieren hat. Akaki ist von seinem Besitz des Mantels und seiner Liebe für denselben besessen, und dieses Gefühl ist so stark, dass er dadurch auch seine Umgebung verändert, also eine Umkehrung zur Motivbilanz von Keller. Wir haben hier also folgende bildliche Umkehrung:

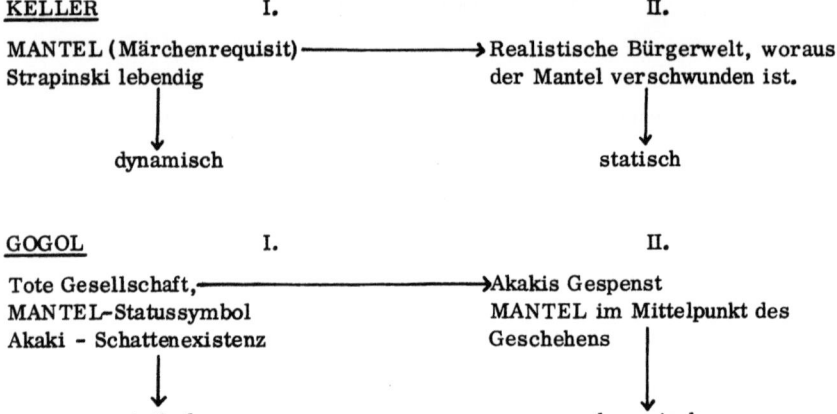

Diese Bilanz ergibt sich aus der Erzählhaltung der beiden Autoren und ihrer Einstellung zu den beschriebenen Gesellschaften. Wenn wir die autobiographischen Ansätze von Gogols Erzählung mit dem Ursprung der Kernthematik verbinden und darauf die Erzählung auf ihre mosaikartigen realistischen Darstellungen analysieren, können wir einen Kommentar von Lavrin nicht ausser acht lassen:

> He does not describe reality; he dissociates it from all the dissociated elements he puts together only those which he needs in order to express his own subjective vision rather than a likeness of life. And as usual, he achieves this by a careful selection, by a complete change of proportions and finally by combinations of apparently incongruous elements which he constructs in such a way, as to make them convincing, owing to their very grotesqueness. (2)
>
> Psychologically, Gogol's "realism" thus became a kind of inverted romanticism. (3)

Diese letzte Aussage kann für einen grossen Teil aller Realisten, sowie aller Autoren überhaupt geltend gemacht werden, denn entsteht nicht jede Schilderung aus einem Kommentar des Autoren? Wie steht es nun bei Keller? Wie wir bereits aus dem Text ersehen konnten, ist ihm die Auswahl der Episoden, die in die "romantische Periode" der Erzählung fielen, unzweifelhaft leichter gefallen. Sein Humor ist jedoch durchweg der gleiche geblieben. Keller war fähig, seine subjektiven, persönlichen Gefühle mehr zu rationalisieren als es bei Gogol den Anschein hat. Unzweifelhaft war Kellers Erzählfreude viel offensichtlicher, wenn es sich um romantische Episoden handelte, die er durch seinen gutmütigen Humor als unpraktisch bespöttelte, in denen seine Erzählkunst jedoch vorwiegend überragte. Sein Intellekt drängte ihn zum Realismus hin, so dass wir sagen können: der Künstler war ein Romantiker, der intellektuelle Teil in Keller jedoch ein rationalisierter Realist.

Bei Gogol sehen wir allein an der Art der Veränderung der ursprünglichen Anekdote, die eigentlich recht liebenswürdig ist und die Vertreter der Gesellschaft genau gegensätzlich zu Gogols Darstellung beschreibt, die subjektiv-negative Einstellung von Gogol. Driessen kommt in der Besprechung der Erzählung in der Zusammenfassung zu einer Einsicht, durch die wir unsere Ansicht bestätigt finden können:

> He is strongly narcissistic. It follows from this that we can hardly expect a social tendency in this very personal prose of the short story.
>
> Realism appears to be present in the short stories in the details only. They serve to strengthen the illusion of objectivity. (4)

Hier rührt Driessen an einen weiteren Punkt, in dem Gogol sich von Keller unterscheidet: Keller war "a social minded being", eine Haltung, die wir Gogol hier wegen seiner subjektiven Stoffbehandlung absprechen müssen.

Abschliessend können wir die folgende Bilanz aus unserer Analyse des Mantelmotivs zur Verdeutlichung der Erzählhaltung der beiden Autoren in den beiden zur Diskussion stehenden Werke ziehen: Keller verband verschiedene Geschehnisse, zu denen er eine positive Einstellung hatte, zu einer liebenswürdigen, humorvollen Erzählung. Gogol änderte eine liebenswürdige Anekdote dahingehend, dass er das humorvolle Element ignorierte und in eine Erzählung umwandelte, bei der die Ironie die Liebenswürdigkeit ersetzt und diese Ironie im "phantastischen Teil" zum unverblümten Sarkasmus wird.

VIII. ANMERKUNGEN

1. Elisabeth Frenzel, **Stoff- und Motivgeschichte**, (Berlin, 1966), S. 12.
2. Janko Lavrin, **Gogol**, (London, 1925), S. 127.
3. ebenda. S. 58.
4. F.C. Driessen, **Gogol as a Short-Story Writer**, (Paris, The Hague, London, 1965), S. 215.

IX. BIBLIOGRAPHIE

Primärliteratur

Gogol, Nikolai.　　　　　Der Mantel, Reclam 1716. Stuttgart: 1969.
Keller, Gottfried.　　　　Kleider machen Leute, Reclam 7470. Stuttgart: 1968.

Sekundärliteratur

Annenkov, P. V.　　　　　The Extraordinary Decade. Ann Arbor, Michigan: 1968.

Atkins, Stuart.　　　　　"Vestis virum reddit" (Gottfried Keller's "Kleider machen Leute"), Monatshefte für deutschen Unterricht, XXXVI, 1944, 95-102.

Boeschenstein, Hermann.　Gottfried Keller: Grundzüge seines Lebens und Werkes. Bern 1948.

Driessen, F. C.　　　　　Gogol as a Short-Story Writer. Paris, The Hague, London: 1965.

Eppmann, Mathilde.　　　 "Gottfried Keller: Kleider machen Leute" (Versuch einer Stilbetrachtung), Deutschunterricht. Stuttgart: 1953. No. I, 108-11.

Frenzel, Elisabeth.　　　 Stoff- und Motivgeschichte. Berlin: 1966.

Frenzel, H. A. und E.　　 Daten Deutscher Dichtung. München: 1962

Gogol, Nikolai.　　　　　Letters of Nikolai Gogol, selected and ed. Carl R. Proffer. Ann Arbor, Michigan: 1967.

Hauch, Edward Franklin.　"Gottfried Keller as a Democratic Idealist," in Columbia University Germanic Studies, Vol. 20. New York: 1966.

Lavrin, Janko.　　　　　 Gogol. London: 1925

Lindsay, J. M.　　　　　 Gottfried Keller: Life and Works. Dufour (1969).

Nabokov, Vladimir.   <u>Nikolai Gogol</u>. Norfolk, Connecticut: 1944.

Neuner, Gerhard.   <u>Die Bedeutung des Kleides in Shakespeares Drama</u>. Diss. München: 1968.

Roessler, Erwin W.   "The Soliloquy in German Drama" in <u>Columbia University Germanic Studies</u>, Vol. 19. New York: 1966.

Rowley, B. A.   "Keller: Kleider machen Leute", <u>Barron's Educational Series, Inc</u>. New York: 1960.

Wüst, Paul.   "Entstehung und Aufbau von Gottfried Kellers Seldwyler Novelle 'Kleider machen Leute'" in <u>Mitteilungen der Literaturhistorischen Gesellschaft Bonn</u>. 1914. IX, 77-142.